JN000193

黒鳥（くろとり）ひなのマーケティングファイル 01

鈴木みそ

Kurotori Hina's

Marketing file

by

Suzuki Miso

日経BP

登場人物紹介

くろとり
黒鳥ひな
Kurotori Hina
ギリギリまで寝ているので髪の毛がいつもはねている
近視と乱視
コンタクトは入れるのに
30分かかるのでやめた
人の鼻歌を聞いて
曲を当てる特技がある
ヒトカラ(一人カラオケ)
によく行く
スナック菓子は
新しいものをつい
試してしまう
一番好きなのは
プリングルス
サワークリーム
オニオン
アップルウォッチを
愛している
iPhoneは
そうでもない
この世の飲み物では
ドクターペッパーが
一番だと思っている
ネイルには
こだわりがあるが
ゲームの邪魔なので
泣く泣く切っている
レッツノートには
たくさんソフトを
入れてカスタマイズ
したいと思っているが
会社の支給品
甘いものを
いくら食べても
なぜか太らない
アルコールは
いくらでも飲める
部屋を片付けるのが
実はとても苦手
身長が175センチあることを
気にしているので靴の底は
どれも薄い
足はとても遅い
スポーツは縁遠い

みばえ　しんいち
実生真一
Mibae Shinichi
この髪は
ドライヤーで時間を
かけてセットしている
ヒゲもハサミで
丁寧にそろえている
コーヒーなら
なんでも飲む
アルコールも
なんでも飲む
筋トレは毎週3回
から4回
フリーウェイト中心
関節が硬いらしく
ストレッチをする
たびに音が鳴る
時計は
シャオミの
スマートバンド
3980円
新人の頃から
定時で帰ってしまう
ので出世コースから
外れてしまったが
ここ数年で見直されて
いる
料理するのが好き
ささみのバラエティは
特に多い
ビットコインを
ちょっと持っている
FC東京のサポ
株もちょっと
持っている
最も好きな
スポーツはアメフト
スティーラーズ
ファンなので
黄色いタオルを
ブンブン振り回して
応援している
独身だが
浮いた話がない
貯金が桁外れと
いう噂がある

KHSMF

01

CONTENTS

マーケティングを
成功させるには
どうすればいいのか、
成長している企業は
一体何をしている
のか——。

その
秘密を探る
マンガの
スタートです。

Here we go!

第1話は「売上高」「総資産」「時価総額」のいずれも1兆円を達成したPPIHが運営する、「ドン・キホーテ」の秘密に迫ります。

第1話 ドン・キホーテはいかにして1兆円企業に成長したのか

トレンド商事マーケティング部
ギ
ギ
ギ
キュ
実生(みばえ)真一
黒鳥さーん
黒鳥さーん
はい
課長
ほっ
はっ
明日までって
言ってた
あの分析って
もうできてる
？
バキッ
ボキッ
ベキッ

もーバキバキ体を鳴らしながら話すのやめてくれないかなーこのみばえ課長はー…
PCの中にファイルとしてできていますが紙に打ち出しましょうか
おおーさすが仕事が早いね黒鳥さんは
黒鳥ひな
よきよきそのまま見せて
では転送します
数日前
ドン・キホーテの強みを分析してファイルするって
コツコツ調べなくたってAIに聞いてみたらすぐできちゃうんじゃない？
まずはチャットGPTに聞いてみてBingで裏を取ってみよう
タタン

日本最大級の
ディスカウントストア
ドン・キホーテが成功
した理由を5つに
絞って教えて

地道な努力と独自の戦略
ドン・キホーテは、開店当初から常に顧客目線のサービスを提供することを目指し独自の仕入れ戦略を展開しました。また、地道なマーケティング活動や、店舗デザインの工夫なども重視し、顧客からの支持を集めました。

商品のバリエーションの豊富さ
ドン・キホーテは、多種多様な商品を扱うことで、幅広い顧客層から支持を集めました。特に、外国人向けの商品展開に注力することで、外国人観光客からの人気を得ました。

価格の低さ
ドン・キホーテは、低価格をモットーに、多様な商品を提供しています。そのため、同じ商品でも他社よりも安く提供することができ、多くの顧客から支持されました。

ロケーションの選定
ドン・キホーテは、都心や観光地などの人の集まる場所に店舗を構えることで、多くの顧客を獲得しました。また、人目につきやすい場所に大型看板を掲示することで、知名度を高めることに成功しました。

コンビニ感覚の店舗作り
ドン・キホーテは、24時間営業や、レジ袋の有料化など、コンビニエンスストアと同様のサービスを提供しています。そのため、多くの顧客が利用しやすく、利便性が高いことが支持されました。

ヒットを連発する秘訣をもっと短文で具体的に教えて

具体的に以下にまとめてみました

1、マーケティング戦略の緻密さ
2、ファン作りの徹底
3、顧客の声に耳を傾ける姿勢
4、流行に敏感な商品ラインアップの提供
5、多角的な事業展開

マーケを徹底して
顧客のニーズに
対応しているって
ところ？

どんな商品がありましたか

ドン・キホーテがヒット商品として扱った商品の中には以下のようなものがあります

ん？
食品
クリーム入りチーズパン
ブラックサンダー(スナック)
フレッシュローズシャンプー
なんでシャンプーが食品なんだよ
AIはシレッと嘘をつくから怖いなあ
まあいいか
商品の写真DLして貼り込んで
これからどんな商品がはやりそうですか
ヒットは予測がしにくい部分もありますが今後もユニークな商品を提供し続けることが期待されます
将来の可能性をつけて
オーガニックや健康志向の食品
サステナブルな製品
スマホアクセサリー
など
オッケイ
一瞬でできた

うん
まあ

間違ってはいません
締め切り前に出来上がっていることがまず素晴らしい

僕はねいつも思ってるんだよ

仕事はなるべく簡単に楽しく済ますべきと

余った時間は個人の趣味にどっぷり使えばいいの
メキ
メキ
メキ

でもね
このレポートは
やり直し

チャットGPTで
サクッと作ったの
バレちゃったかな
課長PC
強かったっけ?

これ
心が震えない
んですよ

はぁー…
おまえは
こんまりか!
ときめく
ときめかない
で仕事すなっ

ド
ドンキって
もっと面白い
店じゃない?
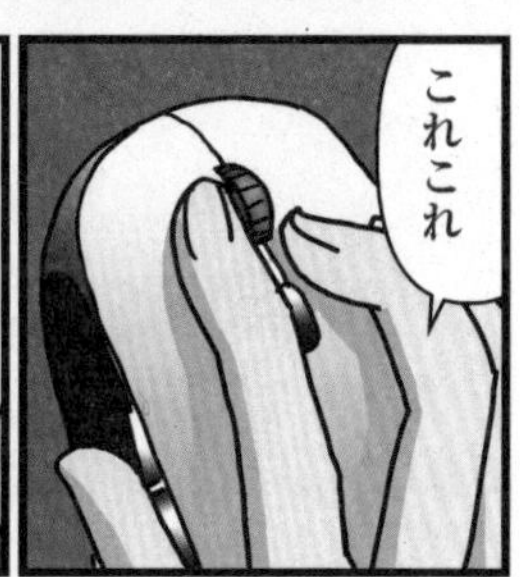
これこれ

この日経
クロストレンドの
有料記事
ものすごく
良くできてる
からしっかり
読んで抜粋して

記事は詳しいけど少し真面目に書いてて文字数も多いから
もう少し下の世代をターゲットに
わかりやすくてちょっと勉強になったって感じのテイスト
楽してもうかる秘訣を見つけた！
ってノリでお願い
GOOOOOD!

ドン・キホーテを運営する
パン・パシフィック・インターナショナル
ホールディングス(PPIH)は
「売上高」「総資産」「時価総額」
いずれも1兆円を達成したトリプル
トリリオン企業である…と

「ド」というロゴを冠した
PBブランド商品が 200
ジャンル以上あり
食品だけでも年に 300
アイテムも生み出される

PB商品は儲かるらしいけどそんなに売れてるんだ？

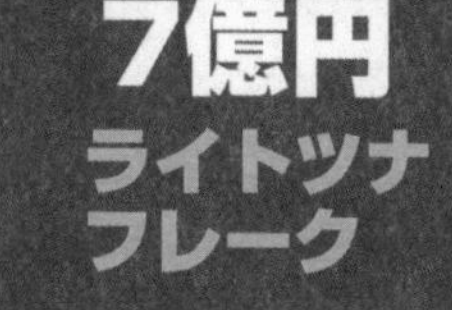

7億円
ライトツナフレーク

7.2億円
業務用ウインナー

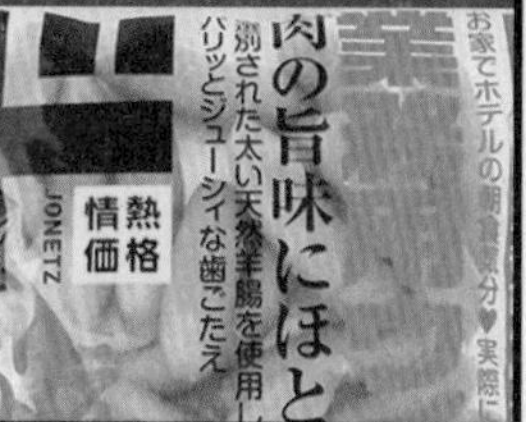

11.1億円
素煎りミックスナッツ

えー？基本的にPB商品はメーカーが作ってる有名な製品を違うパッケージで安く売る商品でしょ
なぜそんなに何10億円も売れるの？

6か条

What	How
1，ターゲットを見定めているか	1，顧客のメリットを表現できているか
2，顧客のメリットに還元されているか	2，アイキャッチ力があるか
3，世の中の当たり前ではなく独自性があるか	3，ストーリーに納得感があるか

具体的に言いますとこの商品
はじめはこういう名前でした

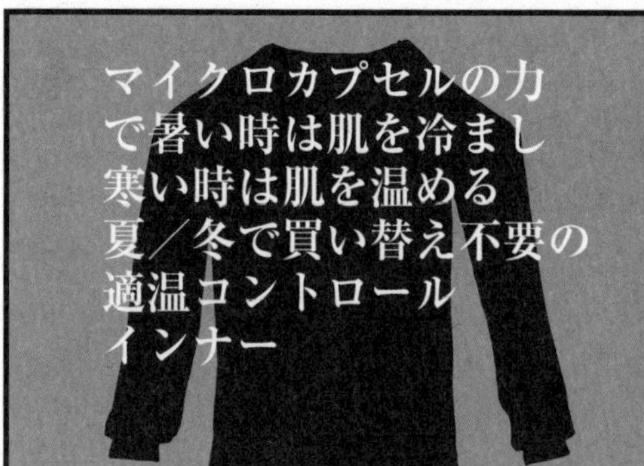

マイクロカプセルの力
で暑い時は肌を冷まし
寒い時は肌を温める
夏／冬で買い替え不要の
適温コントロール
インナー

いやそれは瞬間的に心が動かないでしょう
うん特徴を説明しただけだよね

会議の結果

あるある通勤で汗だくだった
のに**オフィスは極寒**…
あるある朝晩は寒かったのに
昼は暑い…
暑いときは肌を冷ましたい！
寒いときは肌を温めたい！！
悩ましい寒暖差に合わせて
体感温度を変化させる

ながっ！

でもそれで
売れたのかー
うわー何だ
これ 面白い
他の商品は？

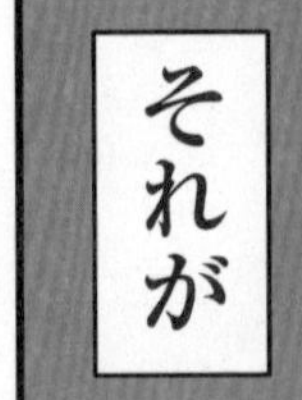
それが

弱いかな
コピーがふわっとしてるよね
もっと直感的に購入即決するものでないと
Sample ド

Carbonated Water, Grapefruit Flavor
ド
情熱価格
JONETZ
1秒でも長く
刺激を楽しんでもらいたくて
ボトルの限界ギリッギリまでガス封入
ドンキ史上最強炭酸水
天然水のすみきった味わい

なるほど

パッケージを磨くことが大切なので
必ず他の部署の人間を交えて徹底的にメッセージを考えます

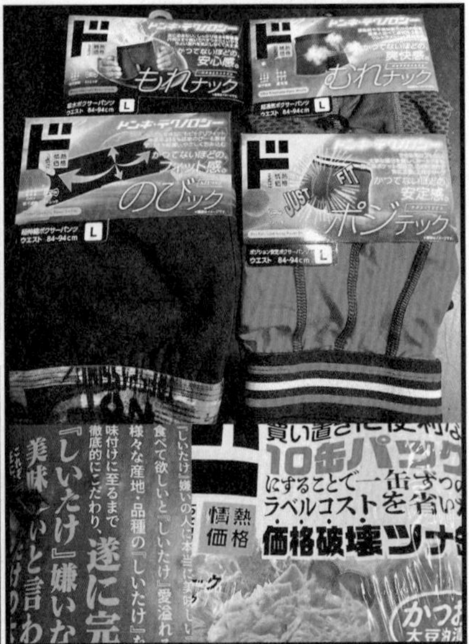
ド
もれナック
むれナック
のびック
ポジテック
情熱価格
10缶パック
ラベルコストを省
価格破壊ツナ
『しいたけ』嫌いな
遂に完

はー
これみばえ課長でパッケージ作ったらどうかな？

ヤバ髭！！
見栄えばっかり気にしてそうで
実は仕事はサクサクと終わらせて
定時に「あれ？課長は？もういない？」
ってなるマッスル上司
実生（みばえ）真一36歳
もしかして切れ者？

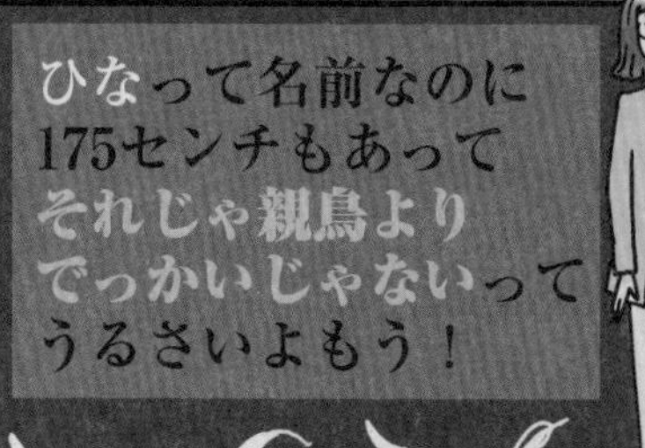
ひなって名前なのに
175センチもあって
それじゃ親鳥より
でっかいじゃないって
うるさいよもう！

私はどうかな？

ぷっ

いつもためてるストレスは
カラオケで発散だ
パソコンスキルはそこそこ
見た目もそこそこ
もう少し突き抜けたい
黒鳥ひな25歳
もう少しきれいだったら
モデルになれたのに
惜しいよねえって
おまえも殺すリスト入り
表裏が激しいのは
みんなに
バレてない
バレてない

そうかー
やっぱり自分で
コピー作るのって
難しいな
ドンキ的に
別部門担当者
を交ぜるのって
大事なんだ

ドンキは
万人受けは
しなくていい
何か面白い物を
見つけに来ている
お客に受ければいい
と割り切ってます
TAX Free
Don Quijote

とがる
刺さる
突き抜ける
この
三拍子です

うん
ドン・キホーテが
普通の家電や
スーパーとは
違う店だって
ことはわかった
BLACKOUT
激辛
焼かま
78
99

こうやって
せっかく作った
商品も
顧客からの
意見が来ると
「クレーム上等!」
と顧客のダメ出し
に従う
顧客最優先主義
を普遍の
企業原理とする
図にすると
……

商品
アイデア
こうかな?
Sample
会議
製品
作り直し
改良品
クレーム

商品を
磨き込んで
商品力を
究極まで
高める
それがドンキの
強さの秘密である
…と
さあ
どうだ
送信
と
ッタ
うん
なかなか
良くなったね
あと印象を
柔らかく
したいから
いらすとや風の
ポンチ絵つけて
みてくれる？
ぽんち絵
…
でたな
おっさん用語
ミッドジャーニーの
いらすとやベースに
読み込ませたやつ
あったでしょ
あれで
サクッと

今回のまとめ

ドン・キホーテの成功の秘訣

- 「売れるPB商品」で顧客をつかむ
- **What とHow の6か条**
- 顧客の心をどうやって揺さぶるのか

具体的で直感的なタイトルを
別の部署を交えて磨き込む

- 「**とがる**」「**刺さる**」「**突き抜ける**」
- 顧客最優先主義

END

「日経クロストレンド」2023年5月18日掲載・「日経トレンディ」2023年7月号掲載
URL ＝ https://xtrend.nikkei.com/atcl/contents/18/00831/00001/

Here we go!

テレビは今、いったい誰に見られているのか？　テレビCMはどこまで進化しているのか？
第2話は変わる「テレビCM」の秘密について迫ります。

第2話
「若者のテレビ離れ」は本当か？
変わるテレビCM

ええー？
今どき
テレビなんて
見てる子
いませんよ？

あっ
すみません
また
ちょっと
言い過ぎ
ました

いやいや
いや
忌憚のない
意見を聞きたい
わけですから
なんでも思った
ことを言って
ください

ネトフリとアマプラはもちろん見ます
時々ディズニープラス

ユーチューブは有料登録して流しまくってます
でもあのユーチューブの広告はうるさくして有料に誘っているのが嫌らしいと思ってます

スポーツは？この前のワールドカップカタールとか？

ぜんぜん

WBCの大谷翔平も？平日午前に視聴率47%を出したあれは？

みなさん野球お好きですよねー

スポーツはライブなのでテレビ向きコンテンツだと思ってます

ひなさんはテレビってオワコンだと思います？
オワコン！
すっごい久しぶりに聞いた

大きな画面で映画を見るのは大好きですし
テレビのハードは全然大丈夫だと思うんですけど

地上波のコンテンツはどうなんでしょう…

この前ドン・キホーテであったアレチューナーレスでNHKの映らないテレビ？
面白いアイデアだと思いました

うむ

同世代の感覚を捉えているところは大変Good！

ピン
あ
落第
ですね

メキ
メキ
しかし
ながら

ボキ
広告使う
マーケター
としたら
ベキ

みんなが
テレビを
見なくなって
いるって
本当
ですか?

正しい現状を
踏まえたうえで

テレビを使った
効果的な広告の
打ち方および
その可能性
ダン
についての
レポートを
まとめてみて
ください

ASAP
で
分かり
ました

ザザー
ミニベイクド
チーズケーキ
Calbee
ポテトチップス
しあわせバタ〜
Tohato
じゃがり
サラダ

まずは
正確な
データ
だな
ここ10年ぐらいの
世代別世帯別
視聴率の変遷と
ネットの広告費
との比較が
できるような

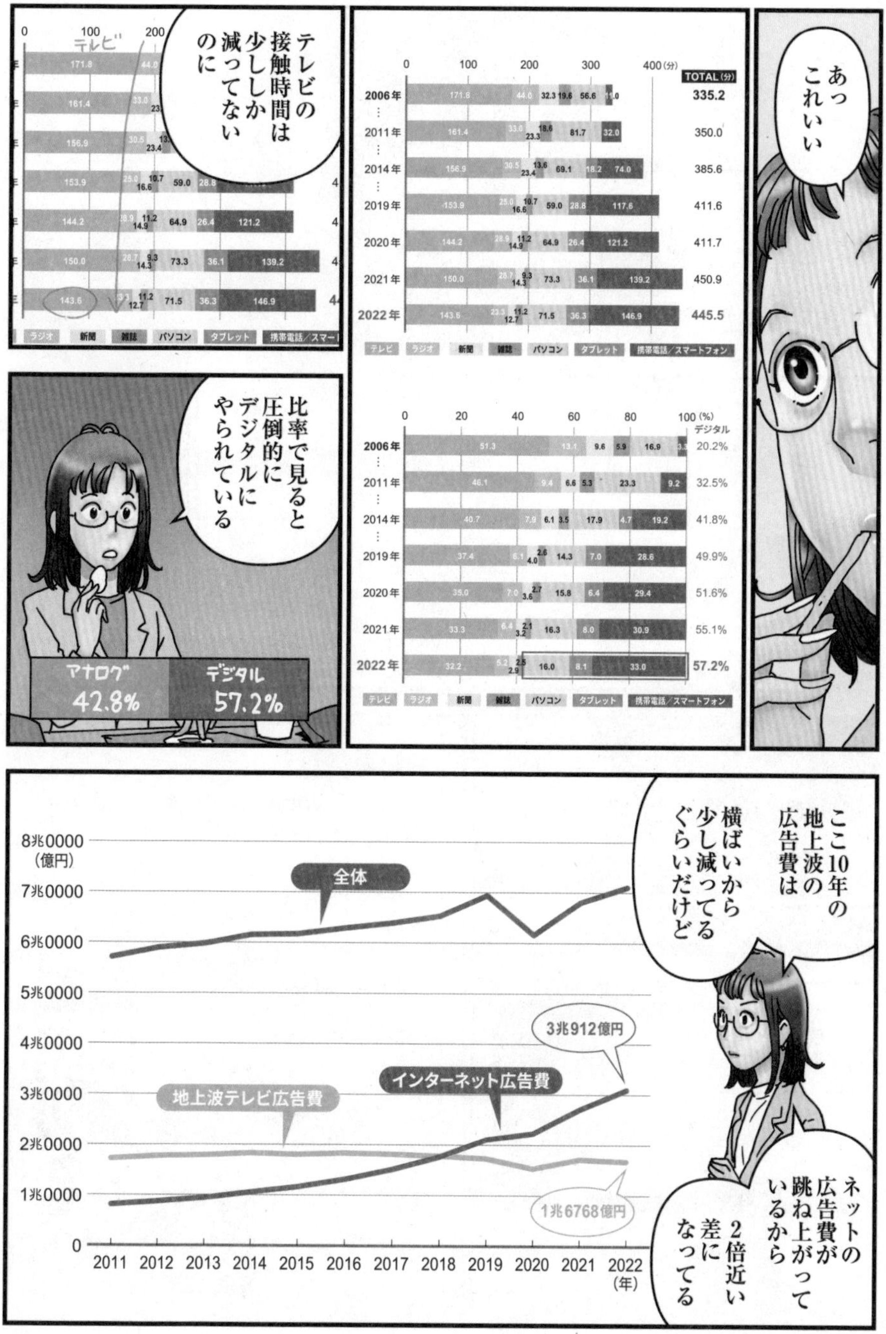

あっ
これいい

	テレビ	ラジオ	新聞	雑誌	パソコン	タブレット	携帯電話／スマートフォン	TOTAL（分）
2006年	171.8	44.0	32.3	19.6	56.6		11.0	335.2
2011年	161.4	33.0	23.3	18.6	81.7		32.0	350.0
2014年	156.9	30.5	23.4	13.6	69.1	18.2	74.0	385.6
2019年	153.9	25.0	16.6	10.7	59.0	28.8	117.6	411.6
2020年	144.2	28.9	14.9	11.2	64.9	26.4	121.2	411.7
2021年	150.0	28.7	14.3	9.3	73.3	36.1	139.2	450.9
2022年	143.6	23.3	12.7	11.2	71.5	36.3	146.9	445.5

	テレビ	ラジオ	新聞	雑誌	パソコン	タブレット	携帯電話／スマートフォン	デジタル
2006年	51.3	13.1	9.6	5.9	16.9		3.3	20.2%
2011年	46.1	9.4	6.6	5.3	23.3		9.2	32.5%
2014年	40.7	7.9	6.1	3.5	17.9	4.7	19.2	41.8%
2019年	37.4	6.1	4.0	2.6	14.3	7.0	28.6	49.9%
2020年	35.0	7.0	3.6	2.7	15.8	6.4	29.4	51.6%
2021年	33.3	6.4	3.2	2.1	16.3	8.0	30.9	55.1%
2022年	32.2	5.2	2.9	2.5	16.0	8.1	33.0	57.2%

テレビの接触時間は少ししか減ってないのに

比率で見ると圧倒的にデジタルにやられている

アナログ 42.8%
デジタル 57.2%

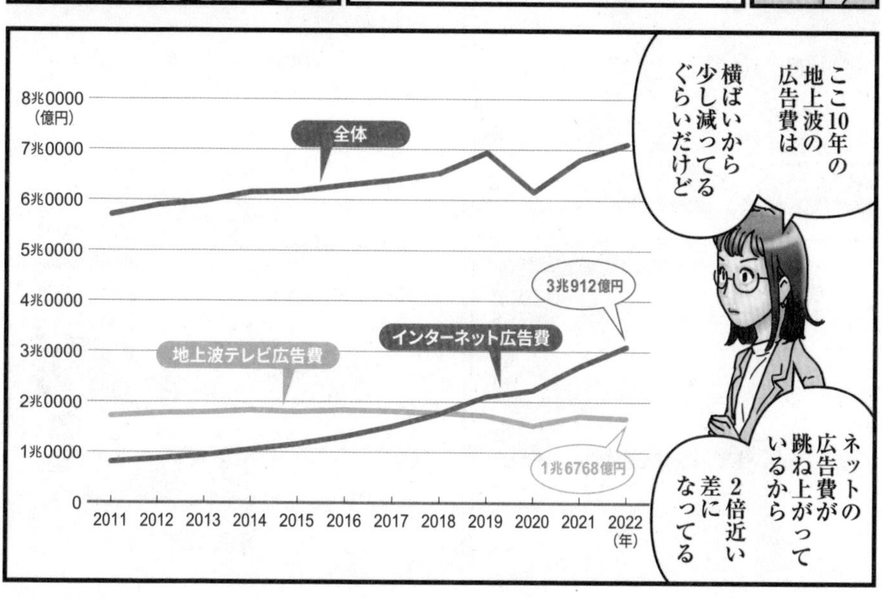

テレビがー
ダメなんじゃ
なくてー
ボキッ
デジタルがー
伸び過ぎただけ
っていうかー
パキッ
って
言いたい
のかな
みばえ課長

お？

有料動画と
無料動画が
ここ2年で
伸びてる

	2020	2021	2022
テレビ番組（リアルタイム）	84.3	87.6	85.3
テレビ番組（録画）	73.0	72.5	71.5
テレビ番組（見逃し視聴サービス）	11.3	15.3	17.7
有料動画	13.4	21.8	22.1
無料動画	19.0	22.6	27.0
インターネットテレビ	5.0	4.7	6.7
SNS上のテレビ番組	4.4	5.4	4.9

有料動画は
Netflix、Amazon Prime Video
Disney+、DAZN、U-next
Lemino、Hulu、TELASA
うんうん
prime video
無料動画は
ABEMA、TVer
あー
TVer
Abema

そうか
ABEMA
とTVer

見逃し配信
だっけ？
あれ見てる人
結構増えて
るんだー
見逃し配信

思った以上にテレビをリアルタイムで見てる人が多い感じ
2022
85.3%
85%て
おおお？

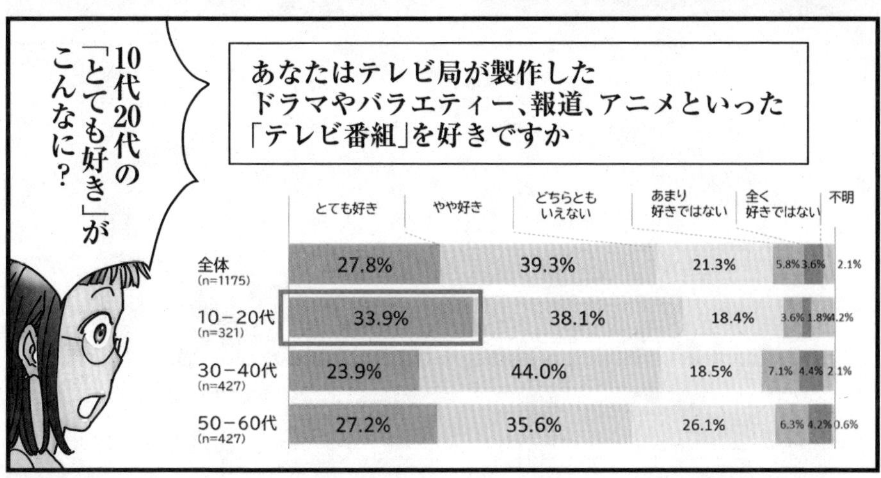
10代20代の「とても好き」がこんなに？
あなたはテレビ局が製作したドラマやバラエティー、報道、アニメといった「テレビ番組」を好きですか
とても好き
やや好き
どちらともいえない
あまり好きではない
全く好きではない
不明
全体 (n=1175) 27.8% 39.3% 21.3% 5.8% 3.6% 2.1%
10－20代 (n=321) 33.9% 38.1% 18.4% 3.6% 1.8% 4.2%
30－40代 (n=427) 23.9% 44.0% 18.5% 7.1% 4.4% 2.1%
50－60代 (n=427) 27.2% 35.6% 26.1% 6.3% 4.2% 0.6%

テレビをめっちゃくちゃ見てる50代60代より
若い世代の方がテレビ好き？
まじすか
TV番組がとても好き♥
33.9%

うん
見るよ
テレビ
バラエティー
とかドラマ
とか

へぇ
あゆは絶対
テレビ見てない
と思った
見るみるー
高橋ふみきゅん
は絶対見るー
目黒蓮くんも

そうだ
最近のＣＭ
だと
フワちゃん
使ったあれ

グーグル
ピクセルの
消しちゃう
やつ？
じゃ
なくてー
低用量ピルの
なんとかって
会社

知らない
話題に
なったのに
？
さてはテレビ
見てないな

へぇー
メデリって
会社…

上手に
テレビCMを
打って
知名度爆上げ
したって記事
読んだよ
情報
いただき
ました

Bubbb..

チラッ

パス
何？

マッチング
アプリ
えええー？

ひな
やってない
の？
やってません
やってません！

女王様に
なれるのに？
別人じゃ
ねーかよ
誰だよ

仕事ばっかりしてると幸せ逃しちゃうぞ
うるさいわっ

mederiはスタートアップ企業でできて間もない会社なんだ

お？

運用型テレビCM

従来のCMではない
運用型テレビCM
とは視聴率に頼らず
ネットと共通の指標
で検証することを
重視する方法

CPAを使って
CM効果を判断
……

なんだっけCPAって…本当に英語にするの好きなー
あーコストパーアクションだ顧客獲得単価ね

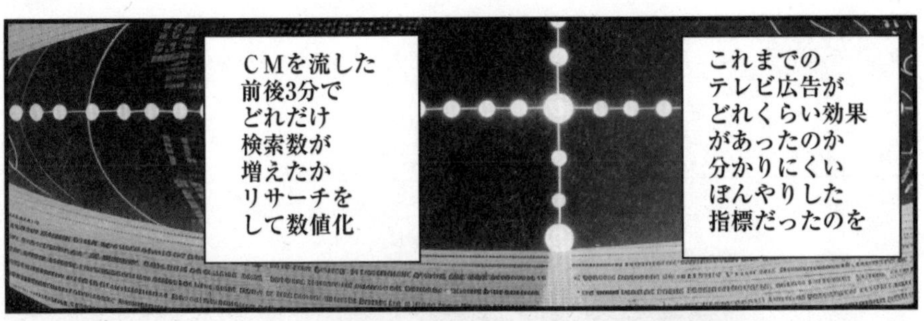

これまでの
テレビ広告が
どれくらい効果
があったのか
分かりにくい
ぼんやりした
指標だったのを
CMを流した
前後3分で
どれだけ
検索数が
増えたか
リサーチを
して数値化

テレビ広告の効果を検索数で測るのかー

1回目のテレビCMではオンラインピルの認知度ランキングを5位から1位へアップ

ほおー

このデータを更に細かく分析すると

地方局については費用対効果が低いことが判明

2回目以降のCMは東京、大阪の消費者を集中的に狙うことにした

えげつなー

20代から40代の女性がターゲットなのでそこの視聴率が高い時間帯「朝の情報番組」と「夜のバラエティー番組」の放送を狙ってCMのスポット枠を買い付け

コンバージョン率（獲得できる成果）を上げた

少ない予算を効果的に
使える「運用型テレビCM」は
電通傘下の「テレシー」や
印刷物流サービスのラクスル
の子会社「ノバセル」などが
手がけている

いろんな支援会社が出てきてるのかー

お金をかけないでピンポイントに絞ってCMをまく戦略ねー

他には？

パターンを少しだけ
変えたCMを3種類
作って
CMの反応を
毎回比べて
良かった方を残す

「ABテスト」を
繰り返して効果を
高めることで
認知度を上げていく

はーそんなやり方もできるのか

テレビ広告が流れたらすぐに変化を数値化
その「見える化」で広告主を誘って
状況を見てすぐに直す「スピード化」

いつの間にか時代がガラッと変わってる

テレビCMの業界も生き残りに必死だわ

TVerだって最初始めた頃ってかなり前だよね？

コロナの頃久々に名前聞いたなーって思ったらすごいはやってるって
それはなんなん？

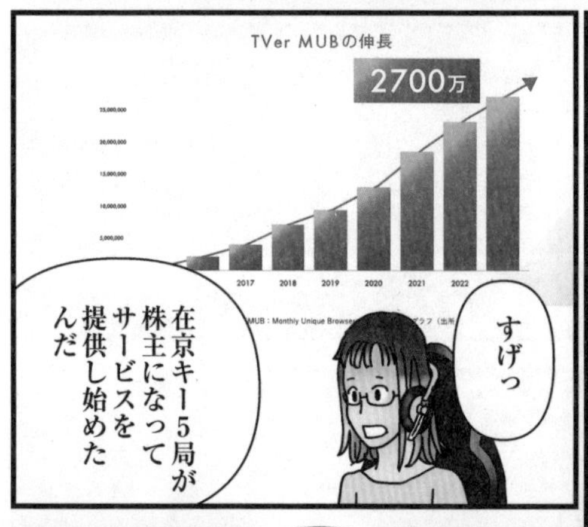
TVer MUBの伸長
2700万
25,000,000
20,000,000
15,000,000
10,000,000
5,000,000
2017
2018
2019
2020
2021
2022
すげっ
在京キー5局が株主になってサービスを提供し始めたんだ

タダ
無料で見放題が大事かー

TVerの強みは次の4つ

視聴完了率の高さ
15秒広告で96%
30秒で95%
60秒で93%も
視聴する
ネットと違ってCMをスキップしないのかー

ブランドセーフティー
自社ブランドを毀損
しそうなコンテンツが
ほぼない安心感

コネクテッドTV
経由の多さ

スマホで一人で見るユーザー
よりテレビにつないで多人数
で見るテレビの方が広告が
届きやすい

30%もコネクテッドユーザーがいる

バラバラの広告が流れるより長いのが一本流れる方がたしかに見ちゃう気がする

そういえばクボタのCMも
長澤まさみの60秒くらいある長いのが特徴だったっけ
XIN CÁM ƠN KUBOTA =クボタによろしく
NGOC TU
RUA XE
CUA

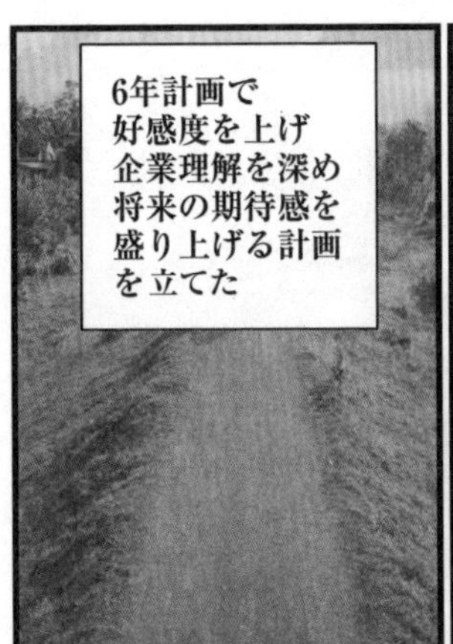
6年計画で
好感度を上げ
企業理解を深め
将来の期待感を
盛り上げる計画
を立てた

クボタ？
知らない
大学生の女子6割、男子7割が
「知らない」と答えたことに
幹部はショックを受けた

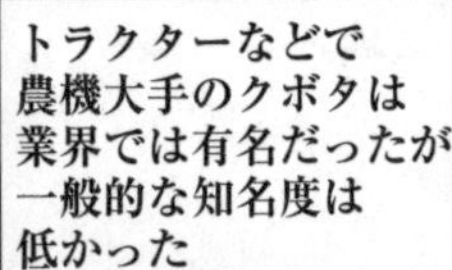
トラクターなどで
農機大手のクボタは
業界では有名だったが
一般的な知名度は
低かった

世界と戦う
日本代表と
世界で戦う
クボタの
対比で
企業認知は
跳ね上がった

なるほど
スポーツは
こうやって
使うのかー！

広告予算
が…
187
億円！
ひゅー

予算を絞って
ピンポイントに
狙う方法も
あれば
潤沢な資金を
使って
たくさんの
世代の人に
広くまく
方法もある

ブランディングに
決まったパターン
はない
企業ごとに
緻密な戦略を
立てられる

TVerも
どんどん
認知度を
上げてる

テレビの持ってる
コンテンツ力は
まだ決して
侮れない

テレビの
可能性は
無限大!
とまでは
言わないけど
まだもう
ちょっと
頑張れる
かも

みばえ課長の
おっしゃった
通り
私の見方は
思い込みが
強過ぎました

テレビ業界
まだいけます
稼げます

よき

ひなさんの
前向きな分析は
とても素晴らしい
エクセレントです
はい！
ありがとう
ございます

しかしCMも
流した瞬間から
評価されて
点数化されて
いるんですね
びっくり
ですよね

うん
まあ
…

ぼくもテレビは見ないんですけどね

見ないんかーい！

今回のまとめ

- 10－20代は意外とテレビ番組が好き
見逃し配信を見る人も増加
- 運用型TVCMが進み、高度な効果測定が可能に
- CMのABテストなどデジタルマーケティングが進化
- TVerのユーザー数が成長し広告主からも注目されている

「日経クロストレンド」2023年7月20日掲載・「日経トレンディ」2023年9月号掲載
URL ＝ https://xtrend.nikkei.com/atcl/contents/18/00831/00003/

Here we go!

苦境の外食産業の中で、業績好調を続ける丸亀製麺。なぜ丸亀製麺は顧客に愛されるのか？
第3話はそのマーケティングの秘密について迫ります。

第3話
丸亀製麺は
なぜ
愛されるのか
マーケティングの秘密

ああ…

逃げ水が……
それとも地面が溶けてる…？

この夏は永遠に続くの？

死ぬ
も食欲なんてない…

のに

上司と
うどん！
ペキ
メキ
讃岐
釜揚げうどん
登録商標
丸亀製麺
丸亀製麺
うどん弁当
450円

なぜうどん
もしや私が
ゆでられて
いるん？

なんでも
好きなもの
頼んでね
あっ

丸亀
シェイク
うどん！
丸亀シェイクうど

これがあったんだ！
シェイクカップ
シェイクカップ
ひんやり涼しー！

はっ

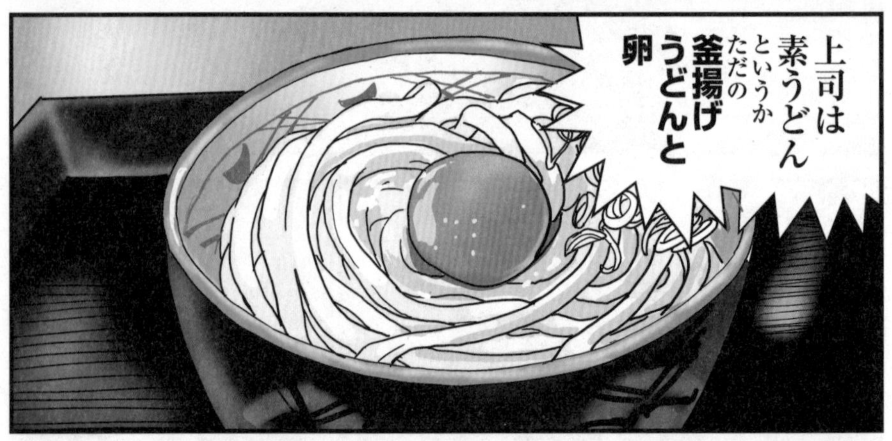
上司は素うどんというかただの釜揚げうどんと卵

しまったやらかしたか！
私は「凍らせレモンのねぎ塩豚しゃぶぶっかけ」590円

っていうかこの暑いのに熱々の釜玉うどん食べるってどういう人？

海老天さつまいも
揚げたてですけど
ご一緒にいかが
ですかー
ほお

ボクは揚げ物
食べないけど
ひなさんは
どうですかー
私も結構です
ありがとう
ございます

じゃあ僕は
それに
梅おにぎり

炭水化物
祭りかよ

シェイクうどんは
持ち帰り専用だった
ので
「鬼おろし豚しゃぶ
ぶっかけ」並740円
釜玉うどん大 620円
梅おにぎり140円
計760円

丸亀製麺は
とても面白い
ことをしている
会社なので
広告の人間は
チェックして
おく必要が
あります
はい

んっ

うどんおいしいです
それもとても大事ですね

いらっしゃい！
お兄さんー野菜かき揚げ今揚がりましたー食べてみてー

お冷や置いておきますねー

声かける人が多いというか
動きが派手というか

ナイスポイントです

それが丸亀製麺の特徴でもある「おせっかい接客」です
かき揚げどうだった？おいしかった？

おせっかい……

ええと…
私はどちらかというとほっといてほしいかなー
その意見ももちろんよく分かります

ただ
その接客が高いリピート率につながっているようです
いー

全国835店舗で進めているのが「3つの生命線」で
讃岐 釜揚げうどん
丸亀製麺
釜揚げうどん
釜玉うどん
ぶっかけうどん
かけうどん
ざるうどん
おろし醤油うどん

●一軒一軒が製麺所
●手作り・できたてのうどん
●おせっかいに代表される人の力

チェーン店なのにそれぞれの店舗で麺を打っているんですか

効率は悪いよね
でもだからうまい！

さらに言えばこの「人の力」の接客は

マニュアルではない

もちろん基本のマニュアルはあるけれど
それ以上の接客のやり方はそれぞれのスタッフが自分で考えてやっている

そこのおばちゃんは

世界でこの店にしかいない

へぇえ
でも800店舗以上あるんでしょ？
わっ都内だけでこんなに
さいたま市
川口市
足立区
葛飾区
練馬区
杉並区
江戸川区
目黒区
品川区
大田区
川崎市

店ごとのばらつきが大きくなりませんか？
できるおばちゃんがいる店もあればそうでない店もあって

うむ
確かにマニュアルを使った方が簡単だしコストも安い

でも面白くはないよね

人が人をもてなす
これは丸亀製麺の社長の言葉ですが

それぞれのスタッフが自分の大切な人を案内するように接客すればいい

だから
感動がある

私たちはつい各店舗で麺を打つよりセントラルキッチンで大量に作って運んだ方が効率がいいと思いがちです

接客でも細かくマニュアルを作って管理した方が失敗の少ない安定したやり方だと考えてしまいます

でもそんな「非効率」だからこその強みが実はあります
それは

同業他社がマネできない
という強みです

あっ
確かに
そんなやり方
他はやらない
だから
一人勝ち
なんだ

お冷や
いかが
ですかー
やっ
あわわ
すいません
今食べます
つい話に
夢中に

日経 XTREND

連載名・キーワードなどで検索

【8月特集】イオンが挑む究極のCX、カンヌ×広告新潮流、

ヒット商品　新ビジネス　小売・EC　テクノロジー

日経クロストレンド ＞ 隠れたマーケ巧者 丸亀製麺の秘密 ＞ 丸亀製麺のデータ戦略

隠れたマーケ巧者　丸亀製麺の秘密　第3回／全6回

丸亀製麺のデータ戦略　超高速PDCAで
食後の「感情」を可視化

2023年05月24日

有料会員限定

寺村 貴彰　日経クロストレンド 記者

うどんを食べた直後の感情が、顧客体験価値（CX）に
するかもしれない――。そんな仮説を立て、定量的な
めたのが丸亀製麺だ。アプリでユーザーの感動体験を
し、高速で各店舗にフィードバック。従業員のモチベー
高め、さらなるCXの向上を目指す。「顧客体験価値ラ
2022」で1位を獲得した丸亀製麺の、次なるデータ戦
た。

おみやで
テイクアウト
してきた

ふうん

アナログな
やり方を重視
しているのかと
思ったら

デジタル
データも
めっちゃ
使ってる

これまでも
公式アプリや
お店でもらえる
「うどん札」で
アンケートを
取っていた
すべての店
粉からつく
打ち立て、
できたての
丸亀製麺で

うどん札
弥生
顧客推奨度
（ＮＰＳ）
「丸亀製麺を
人にどれだけ
推奨したいか」
を数値化
している
ＮＰＳが高い
ほどリピート
率も高い

釜揚げうどん
丸亀製麺
このデータ
は直感的な
感情は測れず
店舗にデータ
が届くまで
半日以上
かかるため
新たな計測を
始めている

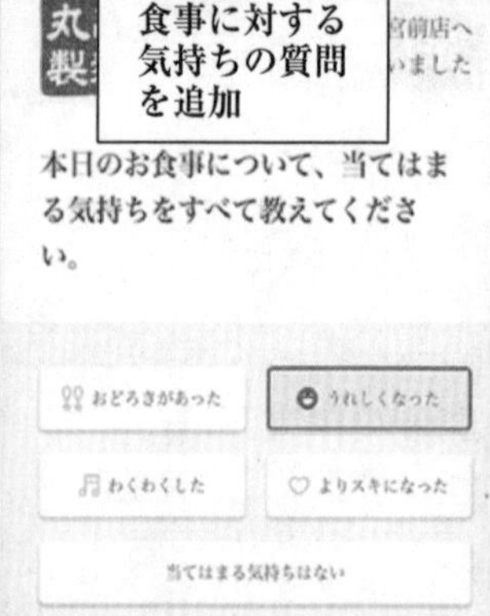

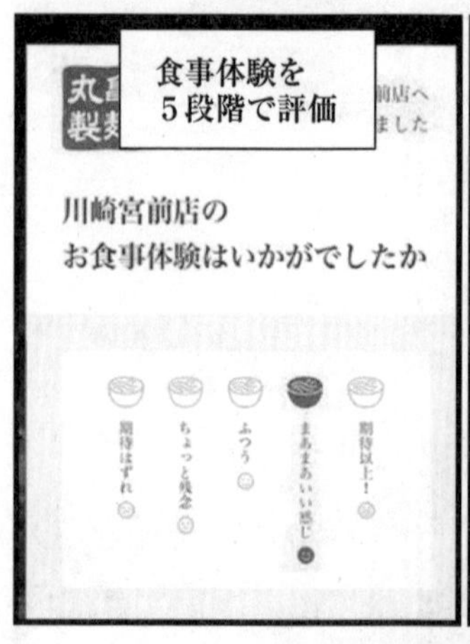

食事に対する
気持ちの質問

本日のお食事について、当てはまる気持ちをすべて教えてください。

食事体験を

川崎宮前店の
お食事体験はいかがでしたか

食事直後の
気持ち
うどんの
おいしさ
また来たい
かどうか

を３００点
満点で評価

結果を毎日３回
15時18時21時に
店舗の端末に
配信している

うわー
食べたその日の
感想が点数になって
店舗にバックされる
のかー

これは
決して店舗
ごとの競争
をあおって
いるのでは
なく
従業員が
気づいて
くれれば
いい指針
の一つ

別の店舗では
アンケート部分
がタップに変更
された

うどんは
おいしかった
ですか？
満足度をタップで
教えてください
19 / 20

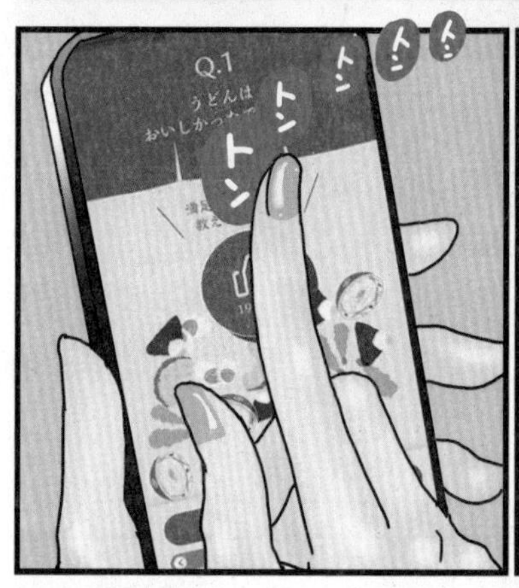
Q.1
トン
トン
トン
トン

ははは
タップの数
で答える
んだー
タタタタタン

こうやって
PDCAを
高速で
回している
のか
丸亀
やるなー

そして出た「丸亀シェイクうどん」

テレビやネットTikTokやインスタでかなり流れてるけど

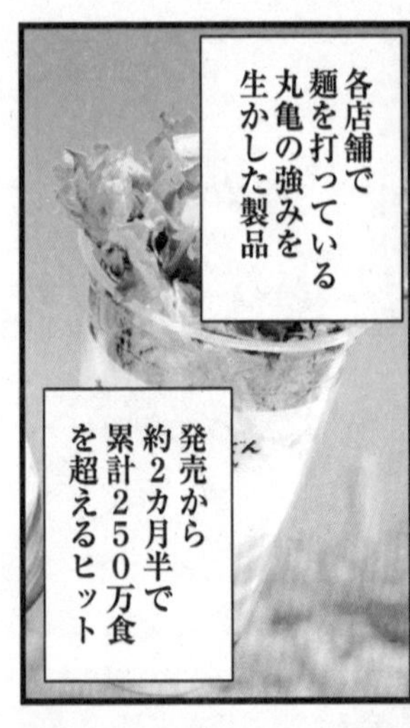
各店舗で麺を打っている丸亀の強みを生かした製品
発売から約2カ月半で累計250万食を超えるヒット

うどんをカップで混ぜるのはマネできても
打ちたてのうどんを390円から提供することはほぼできない
丸亀シェイクうどん
MARUGAME SHAKE UDON

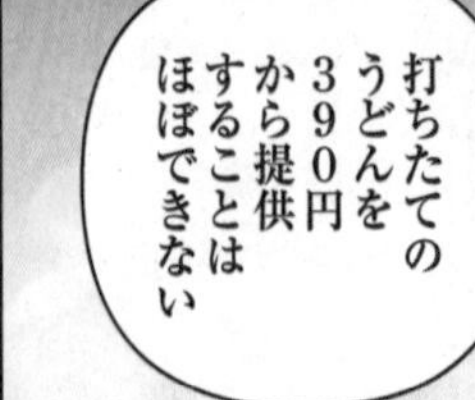

なるほどーこれを最初は新しいドライブスルー店舗で売るつもりだったのね

ヒットすると確信をもったことで全国販売に切り替えた
この戦略の先にあるものは…
丸亀製麺

えええー？

シェイクうどんを米国展開

わあー
海外進出がこの未来にあったのかー

日本の外食は少子高齢化でマーケットが縮小

うどん
めっちゃ将来性があるものに見えてきたー！

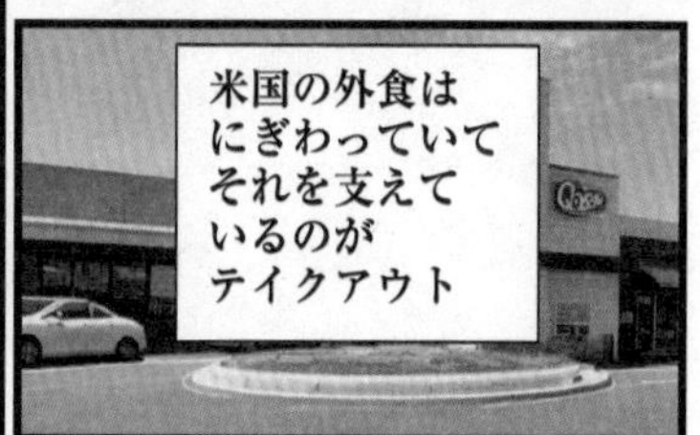
米国の外食はにぎわっていてそれを支えているのがテイクアウト

みばえ課長は
そこまで私が
調べることを
見越して
私を丸亀に
？

はっ

踊っている
……
鳩を
出しそうに
……
これが
やってみたかった
だけだった

まとめ

●接客がマニュアルだけではない、その店の「人の力」が顧客体験をつくっている

●非効率を感動体験につなげる

●その日の顧客満足度を点数化して、日に数回も店舗にフィードバック
PDCAを高速に回す

●シェイクうどんを代表に、世界市場を見越した独自の商品開発を行う

END

「日経クロストレンド」2023年8月23日掲載・「日経トレンディ」2023年10月号掲載
URL = https://xtrend.nikkei.com/atcl/contents/18/00831/00004/

Here we go!

価値観が多様化し、世代別のマーケティングが通用しなくなってきた現代。
消費者調査で見えた「消齢化」とは？ 第4話は消える年代の壁に迫ります。

第4話
消費者調査で見えた「消齢化」とは？
消える年代の壁

うーん
……

フルーツドリンク「冬の果実」のブランディング企画ですけれど
この京王線沿線の駅前での世代別アンケートというのは？

はい中高年の女性にもドリンクの感想をいただきたくて
甘みを抑えた方が若い人には刺さると思うんですが
上の世代はしっかりとした甘い味を好むというデータもあり
ABテストをしてみたらどうかと
B
A

ポキ
ペキ
あれはー
声かけ
30分ほどです
別室でテストとアンケート
A
手間がかかるけどあまり効果的じゃないですよね
¥500
500円の商品券
結果
B
A

黒鳥さんのドリンクの評価はどうですか
あっ普通においしかったです

自然の甘みを生かしたナチュラルな味は私は好きです
あんなにスナック菓子を食べるのに？
それはそれ
ポテチはベジタブルですからノンカロリー

私たちの世代
には刺さると
思うんですよ
熟成した
フルーツの果肉の
入ったとろり
とした飲料
ホットで
スープ的に
飲むのも
面白いですし
冬の果実
国産
フルーツミックス

ただ
シニアの好み
が読めなくて
…
60歳以上が
人口の3割近く
来年には
50歳以上が
人口の5割を
超えます

旅行や買い物に
よく出かける
アクティブシニアは
どうしても外せない
のでこのデータは
必須です

ふうむ

そんなに
違うかな?
はい?

マーケ・消費

30年のデータで解析！　生活者の変化潮流　第37回

30年データで突き止めた新ワード「消齢化」　消えゆく年代の壁

2023年01月19日 読了時間： 11分

有料会員限定　101

近藤 裕香　博報堂生活総合研究所 上席研究員

20代は○○、30代は○○、40代は○○……。価値観や嗜好を年代／年齢によって塊として捉えることはよく行われがちだ。だが、以前は大きかった年代による価値観や嗜好の違いが、実は年々小さくなっていることが分かってきたという。今回は、博

これを
黒鳥さんなりに
分析して
企画に練り込んで
みてください
分かり
ました
ドン
ゴキュ
ゴキュ
ゴキュ
プハッ
さあー
やるぞー
ドクペ
（ドクターペッパー）
は元気ドリンク
カロリーは
ほぼゼロ

消齢化とは

博報堂生活総合研究所が30年にわたる長期時系列調査「生活定点」のデータを基に、年代による違いが小さくなっている事柄に着目。「生活者の意識や好み、価値観などについて、年代・年齢による違いが小さくなる」現象を「消齢化」と名付けた。

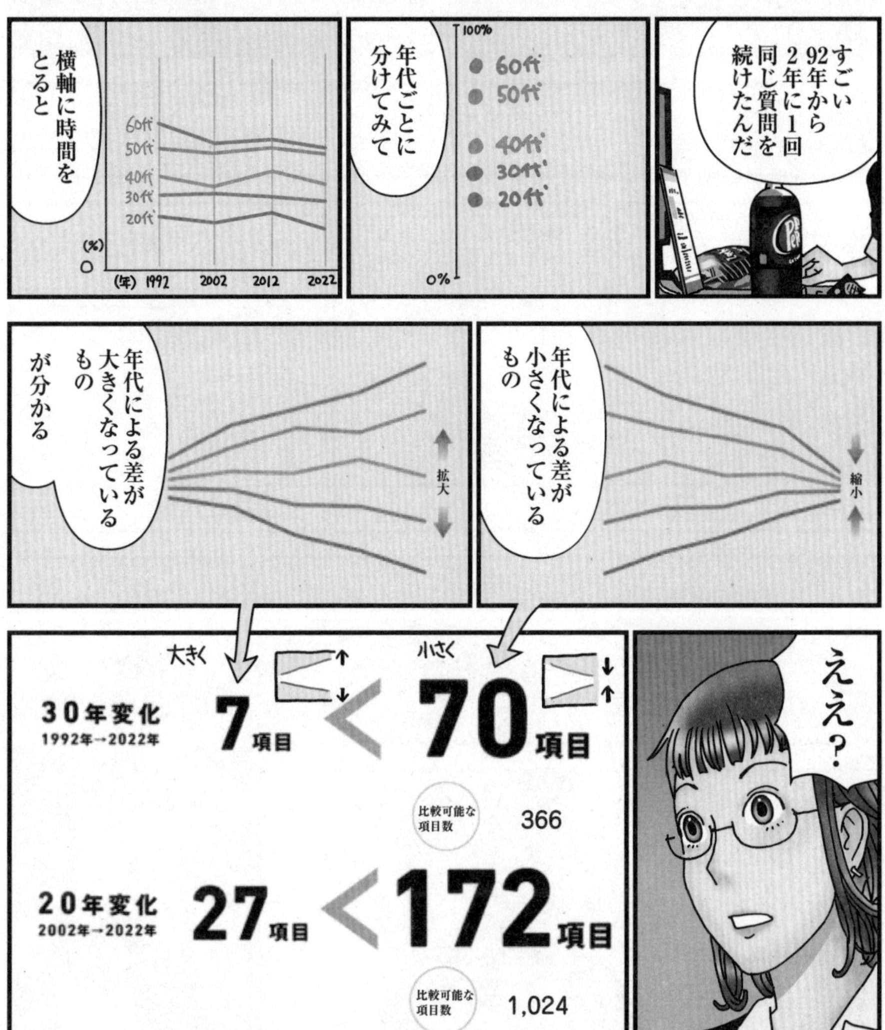

圧倒的に違いが小さくなっている！

つまり年代の差はなくなりつつある？

違いが小さくなるパターンは
大きく三つに分けられる

1　各年代が減少しながら近づいていく

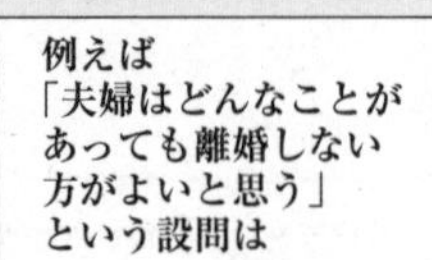

例えば
「夫婦はどんなことがあっても離婚しない方がよいと思う」
という設問は

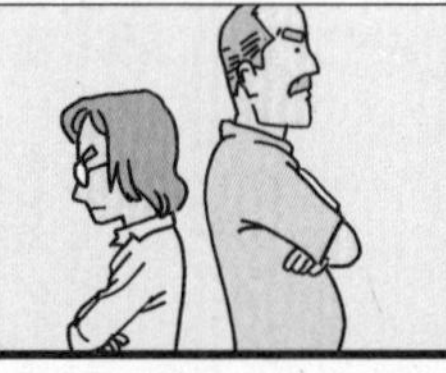

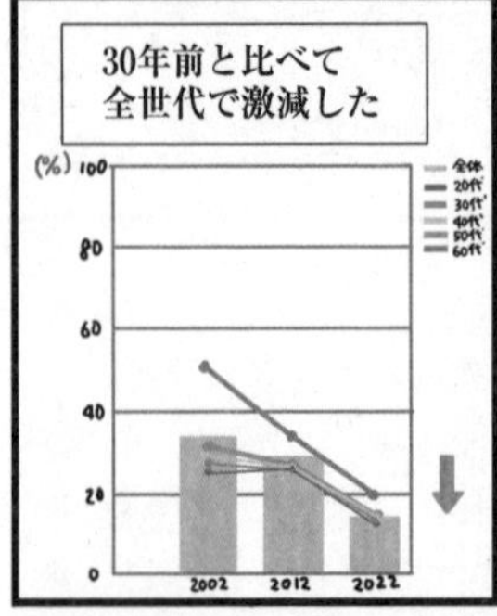

その他では
●お中元は毎年欠かさず贈る
●年を取ったら子供と同居したい
●野菜の煮物が好き

そうかー昔ながらのお年寄りとは違ってきてるんだー！

次は？

例「携帯電話やスマホは私の生活になくてはならないものだと思う」

(%) 100 / 80 / 60 / 40 / 20 / 0

全体 / 20代 / 30代 / 40代 / 50代 / 60代

1992 / 2002 / 2012 / 2022

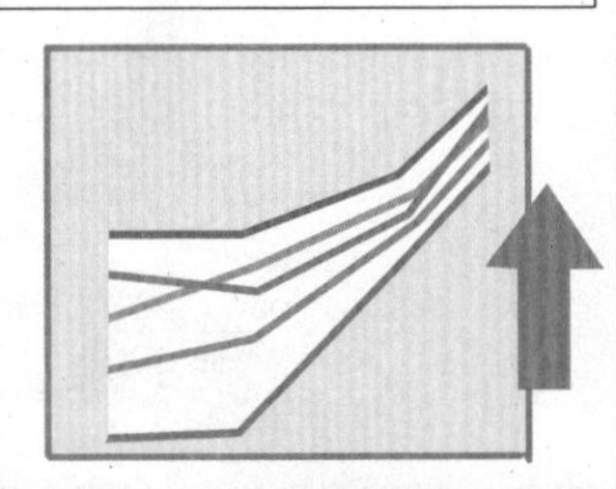

2　各年代が増加しながら近づく

ああっ
そりゃそうなんだけど

それだけシニアがスマホを使えるようになってきたってことか
92年にこの質問がないの面白いなー

- 女性の上司の下でもOK
- 夫婦別姓OK
- 男性の育児休暇は取るべき
- 焼肉が好き
- レトルトや冷食をよく使う

うわうわっよく分かる！

シニアが頑固じゃなくなって
世の中が柔らかくなっている気がする！
ひなのがんこシニアイメージ→

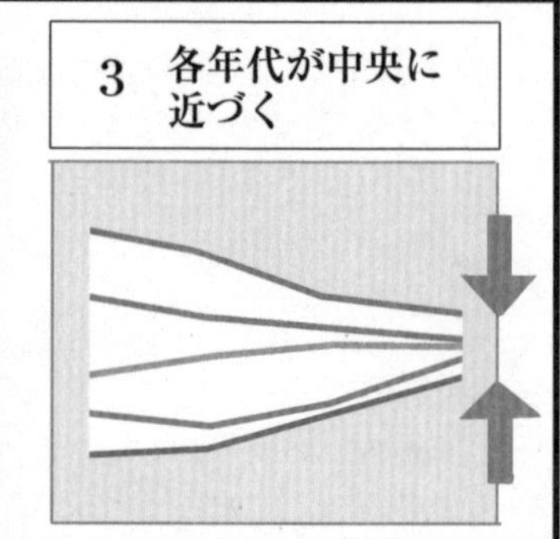

中央に集まるってことは年代で差があったものがみんな同じ傾向になってるってこと？

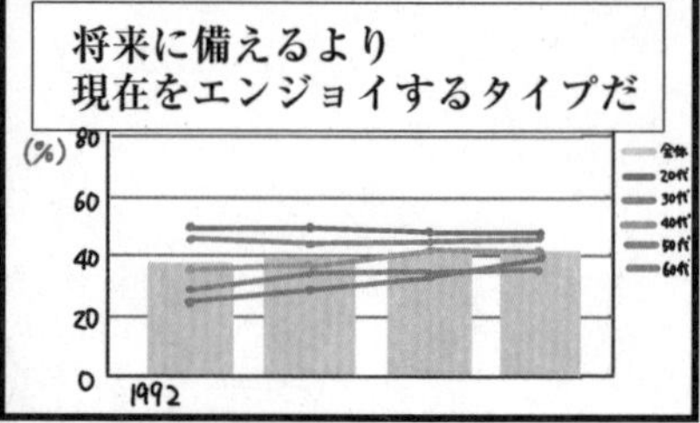

その他
●モノやサービスの購入にこだわる方だ
●お酒を飲む
●トレンドに関心がある
●ご褒美として自分にプレゼント
●現在の生活に満足している

ふーん…
集団よりも個人を重視してきたのかな？

博報堂の分析はどうだ？

寿命が延び
生涯現役の
意識が高い
インターネットで
生活が便利になった
シニアでも
大学で学び直し

いくつになっても
「できる」

なるほどー
そういえば
うちの両親も
若いもんなー
とても
50代には
見えないし
カラオケは
最新の曲
大好きだし

「すべき」が減った

30年前は伝統的価値観が
まだ根強く残っていた
「○○すべき」が強く
個人の生き方が許容され
にくい時代だった
みんな
自由になった
んだー

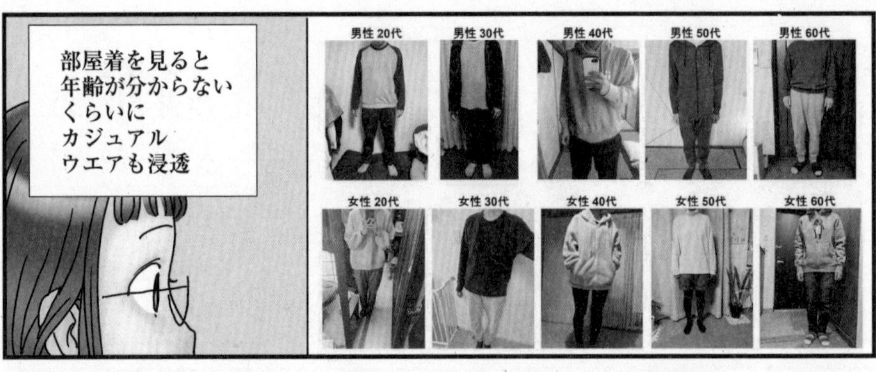
部屋着を見ると
年齢が分からない
くらいに
カジュアル
ウエアも浸透
男性 20代
男性 30代
男性 40代
男性 50代
男性 60代
女性 20代
女性 30代
女性 40代
女性 50代
女性 60代

服を見ても年齢が分からなくなってきてる
言えてるー
おばあちゃんは着物を着ているってイメージは古いんだ
これは！

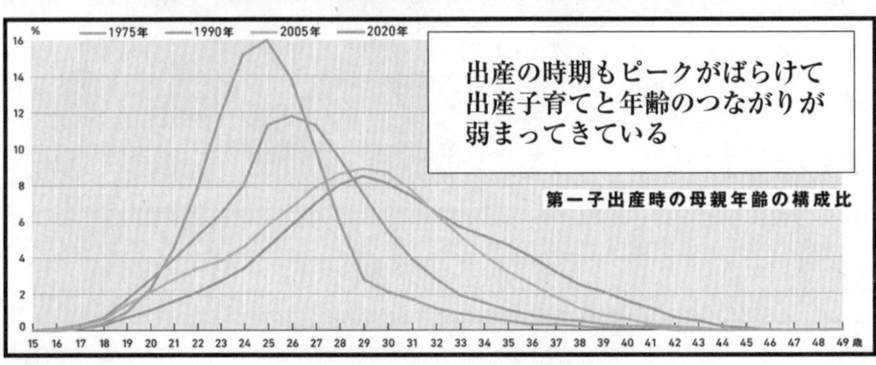
出産の時期もピークがばらけて
出産子育てと年齢のつながりが
弱まってきている
第一子出産時の母親年齢の構成比
1975年
1990年
2005年
2020年
%
16
14
12
10
8
6
4
2
0
15 16 17 18 19 20 21 22 23 24 25 26 27 28 29 30 31 32 33 34 35 36 37 38 39 40 41 42 43 44 45 46 47 48 49 歳

従来の
「年相応」や
「適齢期」は
消えつつある
うわーっ
素晴らしいではないですか令和！

でも

広告の人間としては難しくなったってことよね
世代や性別で大きな差があった方が作りやすいわけで

8,000pt
年齢が上か下か
による差分の合計
-2,459pt
5,541pt
年齢による違いはだんだん減ってきたが他の要素はどうか

おおー そうだそうだ 年収とか学歴とかありそう

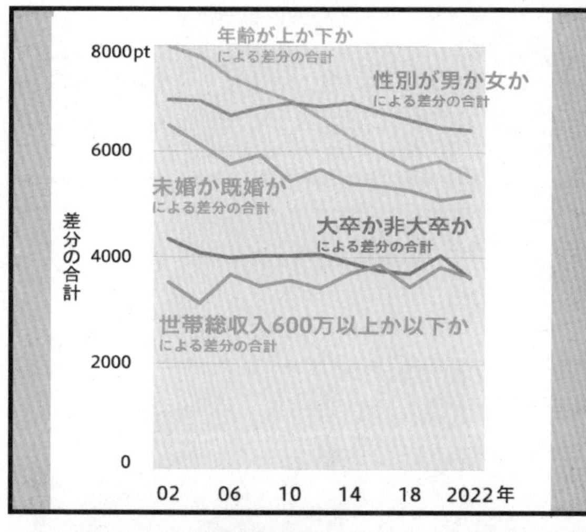
8000pt
6000
4000
2000
0
差分の合計
年齢が上か下か
による差分の合計
性別が男か女か
による差分の合計
未婚か既婚か
による差分の合計
大卒か非大卒か
による差分の合計
世帯総収入600万以上か以下か
による差分の合計
02
06
10
14
18
2022年

んんんー？

確かに年齢差は小さくなったけど
他はあまり変化がないのか

年収の差って思ってたより全然少ない！

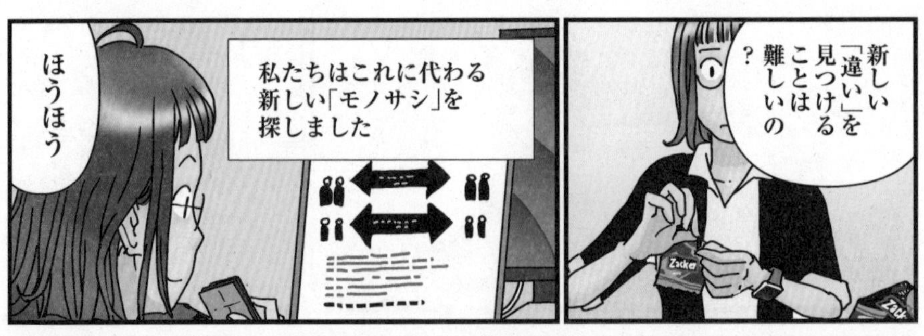

新しい「違い」を見つけることは難しいの？
私たちはこれに代わる新しい「モノサシ」を探しました
ほうほう

1，キャリアアップ転職の受容性があるかどうか

2，日本の文化／勤勉／安全への誇りがあるかどうか

え？これが新しいモノサシ？

こんな狭い価値観が年齢に代わるモノサシなのだろうかと疑問ですが
そうだよね

この２つの方向性に
「家計支出」
「消費財購買」
「スマホアプリ利用 」

という消費や情報に関わるデータを合わせて分析しました

すると

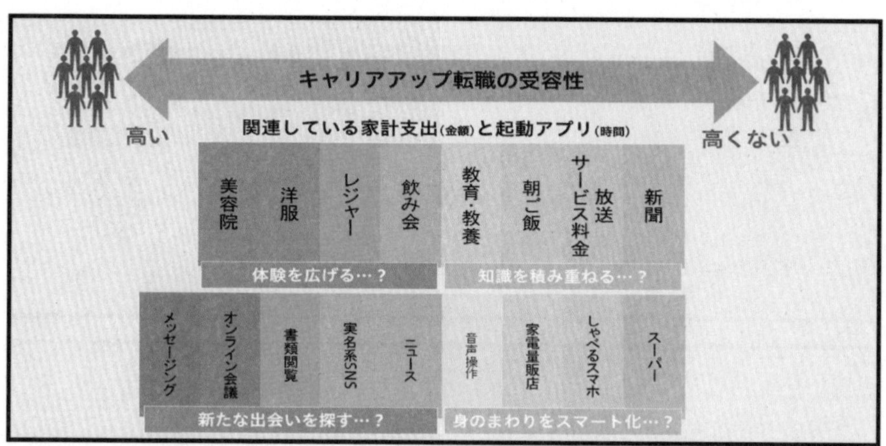
キャリアアップ転職の受容性
高い
高くない
関連している家計支出(金額)と起動アプリ(時間)
美容院
洋服
レジャー
飲み会
教育・教養
朝ご飯
サービス料金
放送
新聞
体験を広げる…?
知識を積み重ねる…?
メッセージング
オンライン会議
書類閲覧
実名系SNS
ニュース
音声操作
家電量販店
しゃべるスマホ
スーパー
新たな出会いを探す…?
身のまわりをスマート化…?

キャリアアップ転職の受容性が高い人
洋服
美容院
飲み会
レジャー

おおー外向きの人って感じ

SNSの起動時間が長い
新たな人との出会いを探す傾向

キャリアアップ転職の受容性が低い人
朝ご飯
教育・教養
新聞
放送サービス料金

実は勉強家かな?

知識を高める
身の回りをスマート化して便利にしようとする傾向

ああ転職しない人の方が勉強してるの面白い
派手な人と堅実な人の違いかな

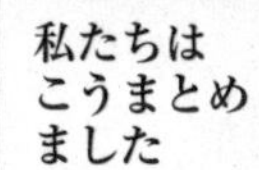
私たちはこうまとめました

「キャリアアップ転職の受容性」の背景にある

消齢化社会の新しいモノサシ①

理想
に向かう

実用
に向かう

“暮らしの質”の高め方

体験を広げる
新たな出会いを探索

知識を積み重ねる
身のまわりをスマート化

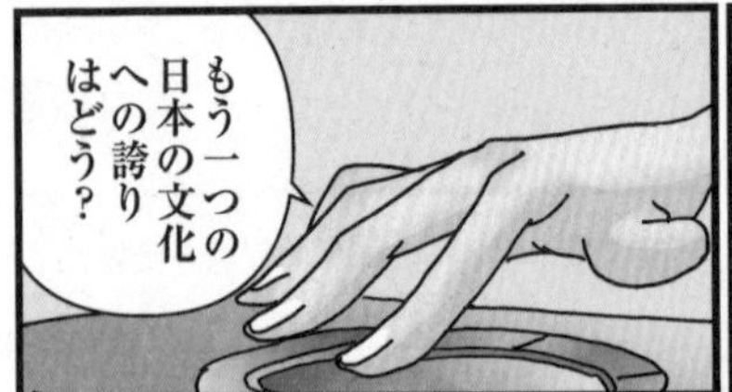

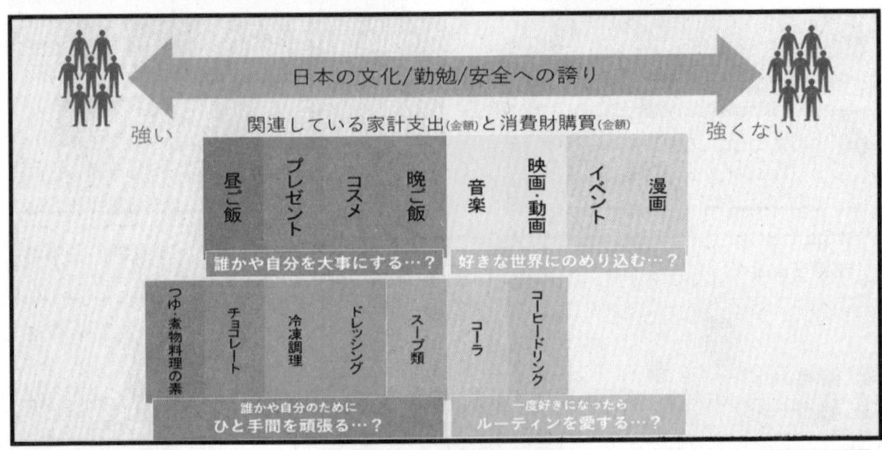

冷食
つゆの素
ドレッシング
スープ
チョコレート

誇りの強くない生活者

まとめると

コーヒードリンク

完全に私は

食いしん坊

「日本の文化/勤勉/安全への誇り」の背景にある

消齢化社会の新しいモノサシ②

交流
に向かう

没頭
に向かう

"興味・関心"の深め方

誰かや自分を大事にする

好きな世界にのめり込む
一度好きになったら
ルーティンを愛する
志向が見て取れます

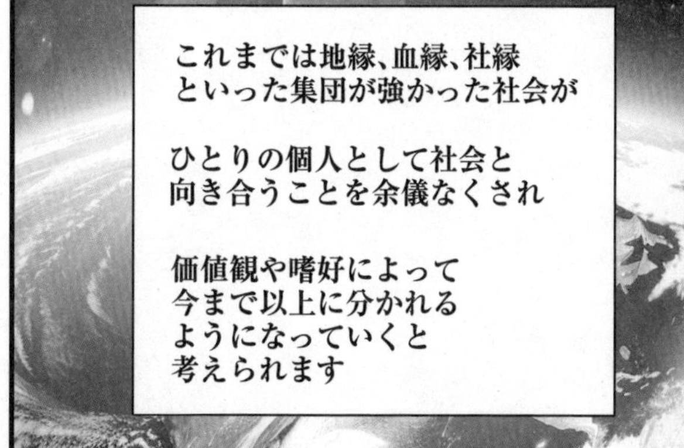

これまでは地縁、血縁、社縁
といった集団が強かった社会が
ひとりの個人として社会と
向き合うことを余儀なくされ
価値観や嗜好によって
今まで以上に分かれる
ようになっていくと
考えられます

ふううー

ペキ

すごく面白かった

ボキ

ここ30年で社会は大きく変わっていたんだなあー

25歳の私には全然分かってなかったけど

ひとつ分かったことは

広告案作り直しだー

狙うのは健康意識の高いハイソサエティの女性です

ヨガやピラティスの後のミネラルと水分補給

フレッシュでヘルシー

食塩、砂糖は不使用

栄養価が高いといわれる果肉と表皮との境部分の使用量を20％増やし

20%

廃棄物を減らす努力をしました

動画媒体の広告ではプレーンヨーグルトにかけたり

シャーベット状に凍らせてウイスキーを垂らしたスムージーカクテルを提案していきます

いつまでも若く美しいままで
飲むボディフルイド「ぎゅっと果肉」
ヨガインストラクターでモデルでもある円京夏さんを第一候補として交渉にあたります

まとめ

●生活者の好みや価値観の「年代による違い」が少なくなっている＝「消齢化」が起きている
●「○○すべき」という意識が減り、いくつになっても「できる」という感覚が芽生えている
●年代の思い込みでマーケティングを考えないことが大事

END

「日経クロストレンド」2023年9月25日掲載・「日経トレンディ」2023年11月号掲載
URL ＝ https://xtrend.nikkei.com/atcl/contents/18/00831/00005/

Here we go!

なぜそのブランドのリニューアル・新規投入は消費者の心をつかむことに成功したのか？第5話は大ヒットしたchocoZAPのテストマーケティングの秘密に迫ります。

第5話

なぜ chocoZAPが大ヒット？

テストマーケティングの秘密

あっ
chocoZAP
24hGYM
24hGYM
24hGYM
入会
ここのコンビニもチョコザップになった
めちゃくちゃ増えてる印象あるけどどうなんだろう
そんなに筋肉を鍛えたい人が世の中にいるとは
みばえ課長はくっそ詳しそう

うーむ
ギリ
ギリ
ペた
確かに私は
詳しいですが
気持ちは少し
複雑です
確かに複雑そう…
っていうかそんな大げさなものじゃないんだけどなー

黒鳥さんはジムに通ったことは？
ありません

もったいないですねそれだけの身長があって…

好きで大きくなったわけじゃ…
やっすいません今の発言は削除してください

長いことトレーニングジムはお金のかかる趣味でした

あのCMで有名なライザップは

入会金5万5千円
16回分の会費が
32万7800円
かかります
高っ

パーソナル
トレーナーの
つくジムは
月10万円以上
するのが
普通なんです
そんなに
するんですね
一般的な
ジムだと
月1万から
3万ぐらいが
相場でしたが

24時間いつでも
使えて
リーズナブルな
ジムができて
きました
JOY FI
ANYT
FITNES
Curves
エニタイムや
ジョイフィット
女性専用ジム
カーブス
などですね

ああー
名前は
知ってます
駅前に
たくさん
ありますね

ここで
月5千円から
8千円くらい
です
随分
お安くなり
ました

高級ジムはサウナやジェットバスを備えていて専用トレーナーが常駐していて月10万円
リーズナブルなジムはシャワーのみで月7、8千円

そういうすみ分けだったのですが
chocoZAP
去年22年7月に出てきたのがライザップグループの「チョコザップ」です

高級路線のジムが新しく格安ジムを作ったんですか
それです
とても挑戦的な価格を打ち出してきました

月々3,278円
税抜き2,980円

おおー！

chocoZAP
これが見事にあたり3カ月ごとに20万人から25万人会員数がアップ
おそらく今年23年中に100万人を超えて業界ナンバーワンになるだろうといわれています
chocoZAP

へえぇすごい
素人質問で恐縮ですがなんで他のジムはそこまで安くできなかったんですか？
そう！そこなんですよ
私には思いつきもしないやり方でコストを絞りました

チョコザップにはジェットバスはおろかシャワーすらありません
個人ロッカーもありません棚が切ってあるだけです
そしてスタッフがいません
無人店舗にスマホアプリの二次元バーコードで入退店する仕組みです
……
それって…画期的なんですか？
メンテの大変な設備を削って無人店舗化するってよくあることでは…？
うむ

これは…
詳しい人間
ほど陥りがちな
ワナなのかも
しれません

詳しいほど
陥るワナ…

筋肉を肥大させる
ためには
ギリギリの負荷を
かける必要が
あります

軽いものを
20回
持ち上げても
効果的な
トレーニング
になりません

8回から10回
持ち上げたら
もう上がらない
という重さに
設定
インターバルを
挟んで3セット
行うことで筋肉を
疲労困憊(こんぱい)させます

48時間から
72時間かけて
筋肉は修復
されます
これを超回復
といいまして

はあ…
あっ
つまり

しっかりトレーニングした後は汗だくです
シャワーのないジムは考えられません
そしてトレーニングで大切なのは
正しいフォームです
筋肉は複雑に体を覆っているので一部分の筋肉だけに負荷をかけることが難しい
正しいフォームで鍛えないと狙った筋肉に効かないだけでなく故障の原因になります
初心者には特にアドバイスできるプロのトレーナーの存在が必須です
無人の店舗じゃできない
大変厳しい

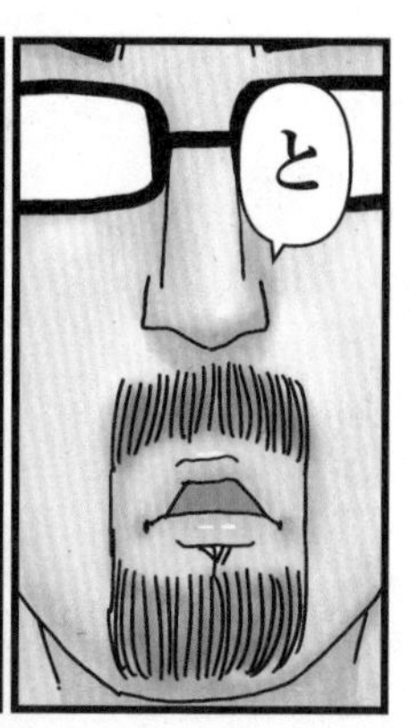
と

思って
いました

でもそれは
おごりだった
のかも
しれません

ジムに行った人が
1年後どのくらい
継続しているか
分かりますか

わー
それは少なそう
ですねー
2割くらい
ですか？

フィットネス
センターに
新規で通い始めた
5240人を
調査した結果
1年継続した
人は3・7%
という数字が
出てます
3・7%

これはヨガや
ストレッチを
含んだ数値で
筋トレだけに
限ったら

0・3%

私のように
トレーニングを
続けている人間は
なんと
千人中3人しか
いない
超レアキャラ
だったんです
レア
キャラ！
ていうか
それっぽい
弱点
打たれ弱い
ポキポキさん
MIBAE
ミバエ
カチョー

ライザップ
グループは
もちろん
分かって
いるんです
トレーニングを
継続させる
難しさを

そして新しく
定めた狙いは
ムキムキマッチョ
の私ではなく

私？

運動をして
こなかった人
ジムに通った
ことのない
大多数の人
そこに
ブルーオーシャン
があったのです
へえええ

マシンの使い方は
スマホがトレーナー
として教えてくれる
トレーニング
器具の使い方
63.0

実際
店舗では
会社員が
スーツ姿で
やってきて
着替えもせず
筋トレ
10分程度で
帰っていく
そうです

マシンを
ガンガン使う
上級者が
いないので
萎縮しないで
気軽に使える
という意見も
あるそうで
大変
耳が痛い
です

チョコザップの
素晴らしいところは
潜在的に
ユーザーが求めて
いるものを提供した
「ユーザー主義」です

潜在的に
求めている
もの…

具体的な方法
についてはこの記事が
詳しいので
リンクを
送りますね
ありがとう
ございます

ふう…

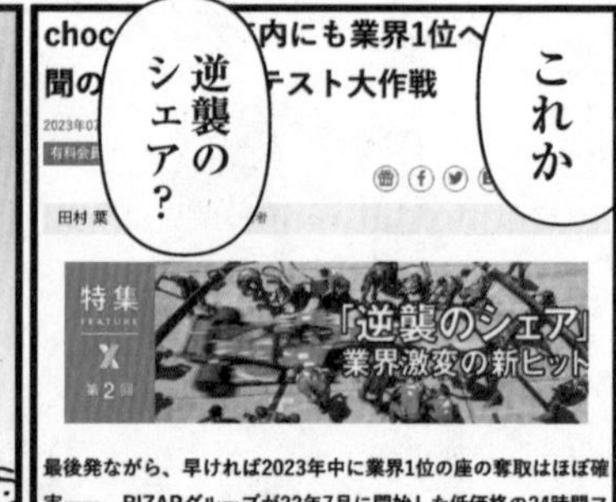
これか
逆襲のシェア？
choco　　内にも業界1位へ
聞の　　テスト大作戦
田村 菜
特集 FEATURE X 第2回
「逆襲のシェア」
業界激変の新ヒット
最後発ながら、早ければ2023年中に業界1位の座の奪取はほぼ確実――。RIZAPグループが22年7月に開始した低価格の24時間フィットネスジム「chocoZAP（チョコザップ）」が、快進撃を続

パリッ
うわっ

消費者ニーズを知るためのマーケティング調査はしないで
いきなり実店舗を47店も作ってそこで実験って

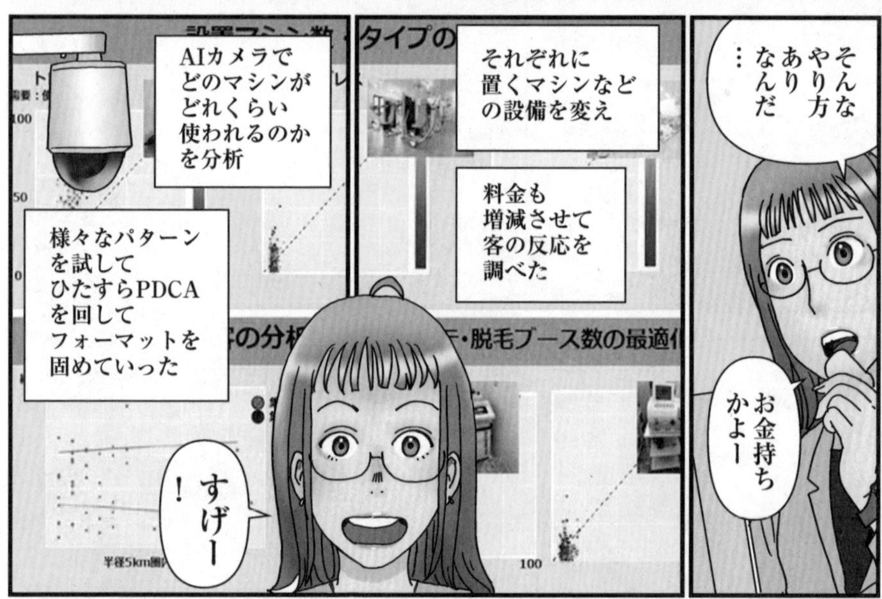
そんなやり方ありなんだ…
お金持ちかよー
それぞれに置くマシンなどの設備を変え
料金も増減させて客の反応を調べた
AIカメラでどのマシンがどれくらい使われるのかを分析
様々なパターンを試してひたすらPDCAを回してフォーマットを固めていった
すげー！

何をどのように
アピールすれば
潜在顧客の心に
突き刺さる
のか検証

店舗ごとの
特徴について
クリエーティブや
キャッチコピーを
変えたチラシを
約500種類も
作った

ぎゃっ！

デザイナー死ぬわ

「24時間ジム使い放題
プラン月額2,980円」
効果的なコピーをABテストであぶり出したのか
「セルフエステ、
使い放題」
「体力年齢平均12.4歳
の大幅若返り」
なぬ？

チラシの中で
女性向けの
セルフエステ・
セルフ脱毛を
強く訴求した
ところ
確実に従来の
フィットネスジムが
取り込めなかった
若い女性層を店舗に
呼び込めることが
データで
裏付けられた

セルフ脱毛マシンが入っているー
それは刺さるーー！

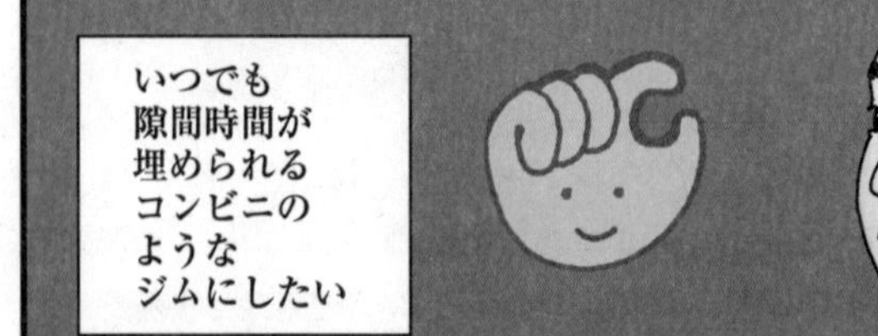
今後も
ＡＢテストを
繰り返しながら
潜在的な顧客の
声を拾っていく
いつでも
隙間時間が
埋められる
コンビニの
ような
ジムにしたい

コンビニかーー！
近所ならシャワーなくてもいいし
24

起床後にリフレッシュとして5分筋トレ
ランチ後のリラックスタイムに会社のそばで5分のセルフエステ
終業後飲み会の前に5分ゴルフ練習

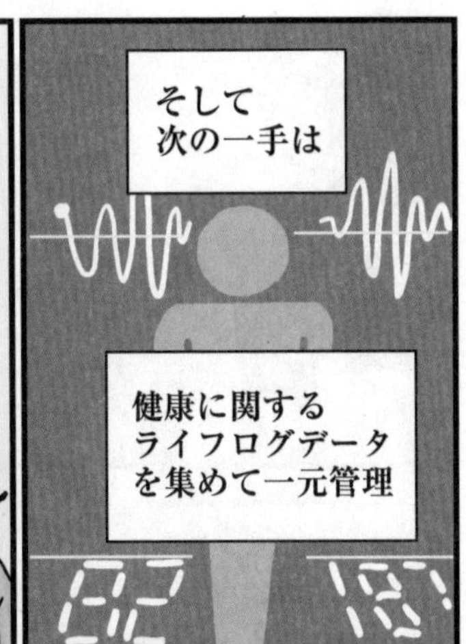
そして
次の一手は
健康に関する
ライフログデータ
を集めて一元管理

チョコザップに
入会すると
全員に体組成計
と
ヘルス
ウオッチが
もらえる

1日5分の
運動を毎日
続けると
3カ月で
5.6kg減
となる
おおぉ

健康かー
そうかー

PRINGLES

今日は
このへんで
勘弁して
やりましょ

運動したらいいことは分かってはいるんですよー
ぐっ
パキン
ペキ

んー
何十万も払ったから無理やりジムに通うってのは自分に合わないと思ってたけど
ミシッ

3千円くらいで近所にいつでもジムがあるってのはかなりよさげですよ
体組成計ももらえるしー

ん？

ああそこじゃないよひな！
大事なところを見落としてる！

詳しいほど
陥るワナ
なのかも
しれません
こっちだ

あのみばえ
課長でも
見逃して
しまった
格安ジムの
ストロング
ポイント

よく分かって
いる人ほど
逆に新しい
チャンスに
気付かない
ともいえる

経験が少ない
私たちだから
こそ
イノベーション
の種を
見つけられる
かも…

キーになる
のは
徹底的な
データで示す
顧客第一主義

おっしゃあ
なんか
やる気
出てきたわ

課長
私も
チョコザップ
始めてみよう
かと…

うほっ

それは
もう
ぜひに！

経費として
補助が出るか
経理に聞いて
みますね！

怖いです
目が！

まとめ

●マーケティング調査はせず、**いきなり実店舗**をつくって、大規模なテストマーケティングで顧客の声を収集
●料金・クリエイティブ・設備すべて、AIカメラも駆使してABテストしPDCAを回す
●テストから得たヒントで、新しい顧客層を集めるキラーサービスを見つける
●データに基づく**徹底的な顧客第一主義**が成功のポイント

END

「日経クロストレンド」2023年10月25日掲載・「日経トレンディ」2023年12月号掲載
URL = https://xtrend.nikkei.com/atcl/contents/18/00831/00006/

Here we go!

激動の2024年は何が売れるのか? どう商品やサービスが変わるのか?
第6話は新たな世界線が見える、2024年のヒット予測、消費トレンドを追いかけます。

第6話
2024年 ヒット予測 ベスト30
5つの消費トレンドとは

おおおー
話題の新製品が
屋台のように
並んでる！
すごい
すっごいー
何これ
夢の世界？

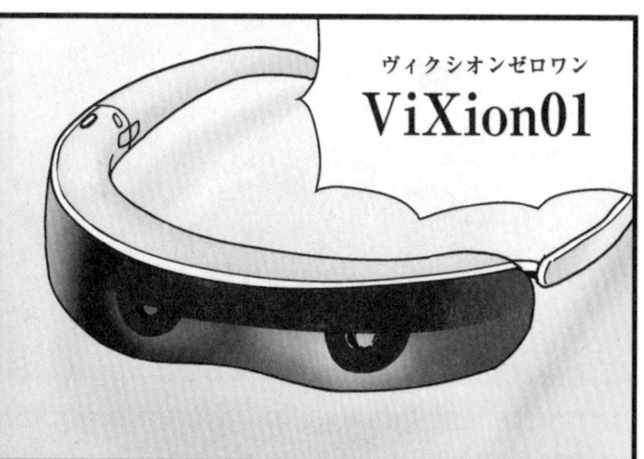
ヴィクシオンゼロワン
ViXion01

わー！蔦屋家電に行かないと試せないと思ってました
どうぞどうぞお試しください
ViXio

確かに視野は狭いけど思ってたよりちゃんと見れる
ピントがバシッと合って気持ちいい！
次の商業版ではもっと視野が広がりますから
期待しちゃいますー
ややややこっちは！
エックスリアル
XREAL
air²
ir²

これ前に
見た時より
薄い気がする
お嬢さん
お目が高い
R FUN
XREA

新しい
バージョンは
ここの形状が
30%薄くなり
ましたから
どうぞ
かけてみて
ください

おおー
風景の中に
浮かぶ
ネット
フリックス
NETFLIX

あっ
背景暗く
もできる
んだ
NETFLIX

電車で
映画
見れます
ねー
私いつも
地下鉄で
映画見て
ます

おお？

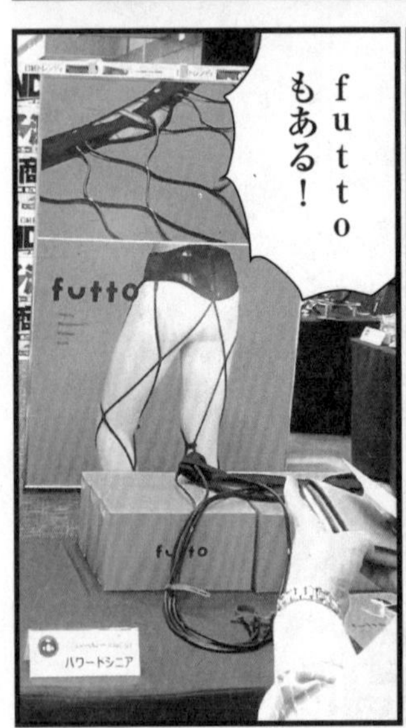
futto
もある！
futto
ハワードシニア

電気を使わずに
ゴムの力だけで
歩行を補助する
発明品ですよね

これ
試せますか
？
はい
大丈夫です

あのー
……

簡単に
つけられるん
ですねー
今日
パンツにして
よかったー

ええと…
黒鳥さん
……

わわっ
足が
軽い！
すっごい
安定感
そうです
歩くのが楽な
だけじゃなく
倒れにくく
なるんですよ

おばあちゃんに
お土産でどう
かな
は
あのー
…
ほ
と

3万ちょっと
なんだー
今買って
帰ろうかなー

ひなさん
!
あっ
みばえ
課長

課長もつけて
みますか?
futto
いえ私は
結構です

お楽しみの
ところ大変
申し訳ない
んですが
もうちょっと
目立たない
ような工夫を
お願いでき
ますか

ほらこの
イベントは
一般公開
している
ものでは
ないので
あっ
す
すいません
!

取引先が参加するはずだったのが発熱してしまったので急きょ枠が空いて
こっそり譲っていただいたんでしたよね
でもすご過ぎますねこれ

日経トレンディとクロストレンドの2023年ヒット商品と2024年ヒット予測の会場
2023年ヒット商品&2024年ヒット予測
テレビもいっぱい来てるし

ひなさんが好きそうだと思いまして
カシャ
カシャ
大好物ですもうよだれダラダラです

この日経トレンディという雑誌は12月号が飛び抜けて売れるんだそうです
2024年
ヒット予測
ベスト30
2023年
ヒット商品
ベスト30

今年のヒット商品と来年のヒット予測が？
そうですそうです

Best 30 for 2023

順位	製品などの名称
1	ChatGPT
2	chocoZAP
3	THE FIRST SLAM DUNK
4	ゼルダの伝説 ティアーズ オブ ザ キングダム
5	ビオレUV 瞬感ミストUV
6	北海道ボールパークFビレッジ
7	こだわり酒場のタコハイ
8	レノア クエン酸in超消臭
9	パキット
10	WBC 2023
11	生コッペパン
12	【推しの子】
13	「ハリー・ポッター」再ブーム
14	メンズ日傘
15	ラムダッシュ パームイン
16	Pokémon Sleep
17	SBIラップ
18	Tamagotchi Uni
19	ザ・スーパーマリオブラザーズ・ムービー
20	ジブリパーク
21	ぼんご系おにぎり
22	水グミ シリーズ
23	サントリー生ビール
24	たべっ子どうぶつ
25	ふりかけるザクザクわかめ
26	阪神タイガースの「アレ」
27	パーソナル食洗機 SOLOTA
28	ROG Ally & Steam Deck
29	Lemon8
30	アンスペクトコーワ SARS-CoV-2（一般用）

1位はChatGPTかー
2位がチョコザップですよ

5位のビオレUVよりやっぱり4位のティアキンですよね

ティアキン？

ゼルダの伝説 Tears of the Kingdom のことですが何か？
……

【推しの子】
ハリポタ
メンズ日傘
生コッペパン
ラムダッシュ
ポケモンスリープ
SBIラップ
たまごっち ユニ
うん
この辺りは
知ってますね
ー
2024ヒット予測ベスト30+
Micro Bubble Bath Unit

AIが投資を
してくれる
SBIラップは
資産運用の会社
なのにイベントで
台所のラップを
配ってて
笑いました
SBIラップ

ゲーム機
Steam Deckは
最高にクール
ですけど

私個人では
アプリの
Lemon8が
良かったなあ
Lemon8

課長も
撮りません？
かわいい
女子高生に
なれますよ？

いえ
結構です
えー？
絶対
かわいい
のにー

イメージ

舞台の方で始まるみたいですね
では日経トレンディ編集長の澤原昇からご挨拶があります
2024年ヒット予測

えー23年はコロナが5類に移行したことで消費が一気に伸びました
一方でインフレと猛暑で消費が抑制され板挟みにあったというところかなと

キーワードとして「格安プレミアム」を挙げさせていただきました
編集者の方って
すっごくごっつくて高そうな時計をしてますよね
そこですか

それではゲストにご登場願いましょう今年の顔に選ばれたラグビーワールドカップ日本代表松田力也さん
モデルで女優タレントの生見愛瑠さん
そして来年の顔に選ばれた俳優の佐野勇斗さん
TRENDY
日経TREND
2024年
ヒット
ベスト
ヒット

うっわあゆがいたら狂うほど喜びそう
きゃー生はやと!

それでは今年2023年のヒット商品ベスト30を見ていきましょう
うむ今がチャンス
みんなが舞台に注目している間にブースを見て回りませんか
わーすてきです

HOT CHART

2024 ヒット予測 ベスト30

消費は正常化したように見えるがその本質は激変。商品やサービスも大きく変わる。街ではドローン広告が光り、ARグラスワーカーが働く。A2ミルクや新新レサワで食卓にも変化が起こる。今まで想像できなかった、新たな世界線の時代が始まる。

順位	説明	商品・サービス
1	花火も広告も変える! 夜空を飛ぶスペクタクルショー	ドローンショー&空中QR
2	"本物"のレモンスライスが浮き上がる斬新レサワ缶	未来のレモンサワー
3	「第5の経済圏」がいよいよ始動。お得生活がアップグレード!	新Vポイント
4	コストコ人気商品を、会社帰りの途中に駅ロッカーで受け取れる	「駅ナカ」コストコ
5	軽量化&高画質化でテレワークでの使用が主戦場に	ARグラスワーカー
6	周囲の目を気にせずあらゆる場所で話せる&聴げる	Privacy Talk
7	美容医療の浸透で、化粧品分野でも「痛み」がキラーワードに	痛いコスメ
8	アクティブシニアが最強ギアを身に着け身体能力を強化する	パワードシニア
9	子供の体にも、親の財布にも優しい。大手が相次いで参入	機能性ランドセル
10	海外では既に一大市場に成長。おなかを壊しにくい牛乳	A2ミルク
11	自然な会話で操作可能な「自走するシェルフ」	カチャカ
12	高まる「外コーヒー」需要を満たす大本命	コンビニコーヒーサブスク
13	米化ブームの真打ちが"第3の主食"に	おいしいオートミール 新ごはん
14	片道乗り捨てを「格安」で利用できる	片道レンタカー
15	ほったらかし投資の新戦力	新NISA向けロボアド投信
16	摂取した脂肪の吸収を抑える内臓脂肪減少薬	アライ
17	ほどほどに酔えるビールが新定番に名乗り	低アルスーパードライ
18	鶏レバーが高級食材に"変身"	グラフォア
19	「妊娠活動」の新たな味方	妊活おりものシート
20	得するふるさと納税の新定番	PayPay商品券
21	お台場のエンタメを担う没入型テーマパーク	イマーシブ・フォート東京
22	食感はクリスピー、とにかく甘い「糖度16」	スナックメロン
23	アフターコロナの"鼻意識"需要を捉える	ケアナボン
24	大ヒット商品「ロキソニン」が風邪薬に"変身"	ロキソプロフェン風邪薬
25	世界的人気キャラが日本でも"復権"	USJドンキーコングエリア
26	火の通る時間が異なる食材もレンジ袋に入れて一発	肉野菜同時レンチン調理
27	ショート動画や音声で位置情報サービスが進化	Smafoo ／ Locatone
28	電源開発の歴史をたどる"幻のツアー"が開放	黒部宇奈月キャニオンルート
29	覇権獲りの鍵は「見守り」機能の強化	ポストZenly
30	韓国発、カジノやアリーナ完備の巨大施設	INSPIRE

「2024年ヒット予測」の選考基準

評価項目
【売れ行き】売り上げやシェアはどれだけ拡大しそうか。どれだけ人を集めそうか。売れ行きはどれくらい継続する余地があるか
【新規性】これまでにない画期的な技術、着眼点、売り方の工夫があるか
【影響力】他社の追随を呼んだか、あるいは従来にない市場を形成するか。生活スタイルや社会の常識を変えて、世の中に影響を与えそうか

23年10月から24年にかけて登場する商品やサービス、施設などについての情報を収集し、その結果からベスト30を選んだ。
選考の基準は、①その商品の売り上げ、販売量が伸びることが予想される②これまでにない画期的な技術や着眼点がある③それによって消費者の生活スタイルが変わる可能性がある、の3つとした。

27 TRENDY_DEC.2023

DEC.2023_TRENDY 26

これが編集部の選んだ2024年のヒット予測ですね

1位ドローンなんだ

これどういう基準で選んでいるんですかね？

それは私の方からご説明させてもらってもよろしいですか？

クロストレンドで編集長をやっております

勝俣哲生と申しますどうぞよろしく

トレンドから
私たちが来年の
キーワードを
見定めて
ヒット商品を
予測しているのです
来年はズバリ
欲
と
刺激

欲
刺激

外食や旅行など消費の波が戻り始めた23年
各種制限から解き放たれた人々が「ここだけは譲れない」と欲を出す1年になる！

空間エンタメ
我慢していた花火が解禁されてドローンショーは全国各地に急拡大する
はず！
空に二次元コードなんか描けちゃうんですよ無限の広告だーー！

フィジタル！
進化したデジタル技術がリアルな世界をアップデートしていく！
アクティブシニアの能力拡張も可能！

もっと見たい
もっと歩きたい！
さあデジタルとアナログのボーダー世界にいらっしゃい

1%の我慢
もう1%の我慢だって
したくないんだから！

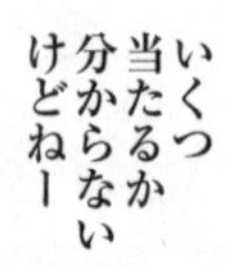
オートミールだって
おいしくなきゃ
ランドセルはもっと
軽くていい

ながら消費
時間効率を重視する
「タイパ思考」はさらに
加速する
もっと楽に
もっと便利になれー

強刺激
ちょっとした刺激では
満たされなくなった
人々の欲求を直撃する
飲料やコスメ！
パ
パ
パ
パ

というようなキーワードから予測してみました
いくつ当たるか分からないけどねー

なるほどー勉強になりますー

楽しんでってねー
どうもありがとうございました

やっぱり

時計ごっつかったですね
そこですか

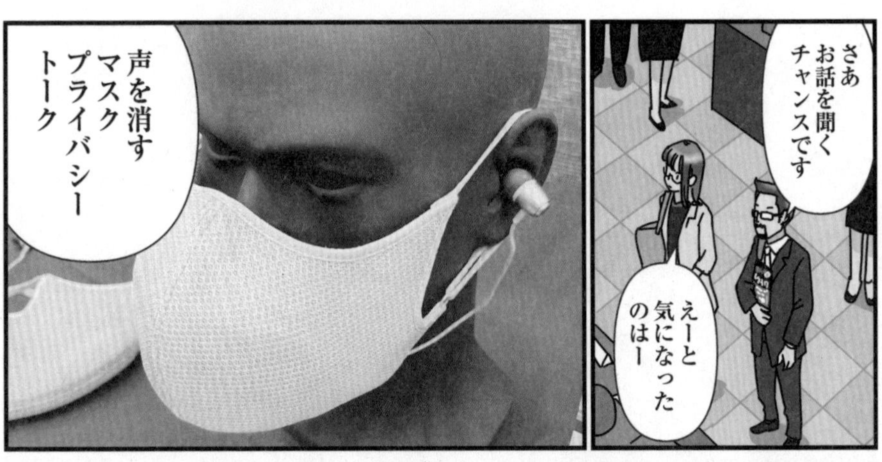
さあお話を聞くチャンスです
えーと気になったのはー
声を消すマスクプライバシートーク

これどういう原理なんですか？
はいこれは電気的な消音ではないんです
この迷路のような「音響メタマテリアル」構造が音を20デシベルほど下げます

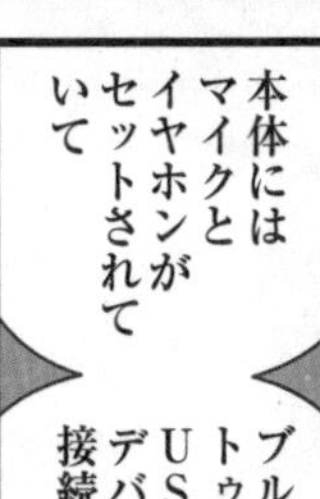
本体にはマイクとイヤホンがセットされていて
ブルートゥースやUSBでデバイスに接続します

こうやって普通に話をしながらー

つけると

どうですか聞こえますか？
おーすごい！かなり消えてます

これウェブ会議に使えますね
売れそうな気がします

機能性ランドセル？

革製じゃなくてナイロンで作ったランドセルなんですね
確かにめっちゃ軽い

中で教科書が揺れないように束ねたり
重心を下げる工夫で体感的にも軽く感じるようになってます

安くて軽くて機能的で最高じゃないですか
RAKU SACK

おっこれは

駅ナカコストコBOPISTA
bopista
bopista
KIRKLAND
COSTCO
「駅ナカ」コストコ

コストコが駅の中にできてしまうのですか？
いえそうではなくて
ロッカーで受け取れるんです
BIGI

駅のロッカーを
冷蔵保存できる
スマートロッカー
に替えまして
ここで限定された
コストコの商品を
受け取れるサービス
です
コストコの
あの
ハイローラー
が受け取れます
ティラミス
も
ほおほお
なるほど

私コストコ
行ったこと
ないんですけど
すごいん
ですか？
安いん
ですけど
会員制
なんですよ
それが
会費不要で
しかも駅で
買えるのは
いいでしょう
ねえ
次は
あ
……

ケアナボン

つけるだけで
妊活タイミングをチェックできる
おりものシート
妊活おりものシート

……

あっ
すいません
気を使わせて
しまって
あー
いやいやや

私の興味
あるのは
これですね

美容液なのに
痛いって

あっ

ホント
ちょっと
ちくちく
します
面白ーい

マイクロ
ニードルという
微細な針が溶ける
ことで角質に届く
化粧品です
今のは100ですが
最も刺激が強いのは
700です
7倍痛いですが

効きます
効きそうー

はー
駆け足で
見て回り
ましたね

ひなさん
的には
24年は
何が来ると
思いますか

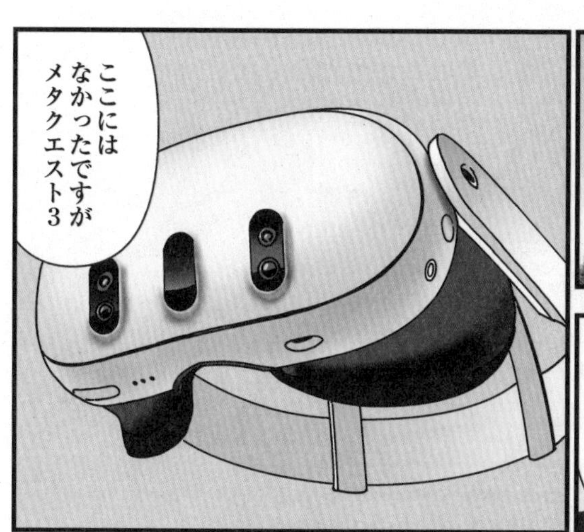
ここには
なかったですが
メタクエスト3

私はデジタルの
ガジェットが
好きなので

そして
アップルの
ビジョンプロ
が来てほしい
です

後は
モンハン
ナウと
スイカ
ゲーム
かなー
パコッ
その偏りが
面白い
ですね
あっ

ホントにレモンが浮かんできましたー

2缶もらった
未来のレモンサワー

ではは休日にわざわざお疲れさまでした

いえいえありがとうございました

おいしいー

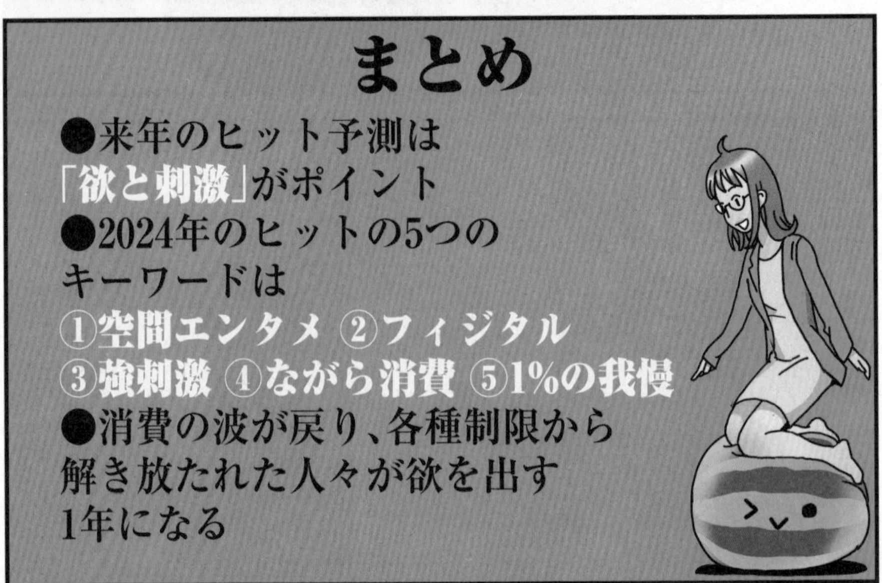

まとめ

- 来年のヒット予測は「欲と刺激」がポイント
- 2024年のヒットの5つのキーワードは
①空間エンタメ ②フィジタル
③強刺激 ④ながら消費 ⑤1%の我慢
- 消費の波が戻り、各種制限から解き放たれた人々が欲を出す1年になる

END

「日経クロストレンド」2023年11月29日掲載・「日経トレンディ」2024年1月号掲載
URL ＝ https://xtrend.nikkei.com/atcl/contents/18/00831/00007/

Here we go!

継続的に利用してくれるロイヤルカスタマーを育てるにはどうすればよいのか？
第7話は顧客との絆を強化する、ロイヤルティープログラムの在り方を探ります。

第7話
LTVを高めるロイヤルティープログラム
2つの視点とは

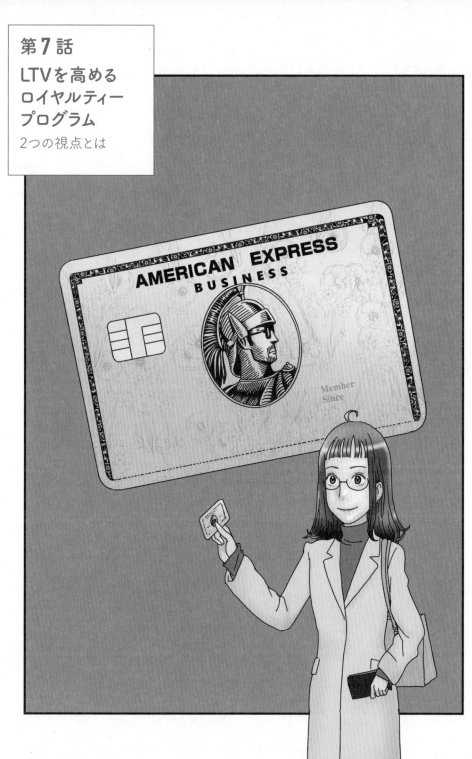

Pi
Pi
セルフレジ
あーもう毎回面倒臭い

ポイントカードを毎回選ばせる設計ってほんっと時間の無駄じゃないですか

おや
黒鳥さんは
ポイントを
細かく積むのが
好きなのかと
思っていました

もちろん
ポイ活は
してますし
嫌いじゃない
方なんです
けど…

ポイントカードの
キャンセルの仕方が
分からなくて
コンビニのセルフレジ
でぐるぐる進まない
人とかいて

あんな1円も
付かないような
買い物で
コンマ何秒か
時間取られて
すごく腹が
立つように
なってしまって
スマホで自動に
ならないの
なんで
なんでしょう

大変
よく
分かります
私も
ポイントは
捨ててます
わっ

す…
捨てちゃってるんですか
それはまた豪快というかもったいないというか…
何枚もクレカを使い分けたり専用のアプリを立ち上げてポイントを付けたりするのは
限りある人生の時間の無駄使いです
うわ
それを言い切るのはさすが過ぎます
でも飛行機のマイルはたまるとうれしいですね
あーあれもポイントの一つですよね
あれ？何が違うんだろ

ポイントとマイル…
庶民とお金持ちの違い？

近いところを掘り下げた記事が以前ありました

日経クロストレンド ＞ ロイヤルティープログラム再構築

特集
FEATURE
ロイヤルティープログラム再構築

全6回

ロイヤルティープログラム再構築

✓ フォローする　166人がフォロー中

モノがあふれ、ともすると価格競争になりがちな昨今。自社の製品、サービスを愛し、継続的に利用してくれるロイヤルカスタマーが、事業継続の鍵を握る。そうしたロイヤルカスタマーを引きつけるため、「ロイヤルティープログラム」を設ける企業も多い。だが、中には有効活用されていないケースも。安易な還元率アップ、ポイント率アップだけでは魅力は薄まり、体力勝負に陥る恐れさえある。真に顧客をひき付ける施策とは何なのか。本特集では、ロイヤルティープログラムの在り方を、顧客とブランドの関係づくりの観点から探る。（写真提供／mashimar/stock.adobe.com）

第1回 2023.11.06

ロイヤルティープログラム新潮流　顧客のLTV高める「2つの視点」

購入の機会、金額が多い顧客に向けた特典、いわゆるロイヤルティープログラムを刷新、新設する企業が相次いでいる。裏にあるのは、ロイヤルティープログラムの効果に対する疑念

消費者にとっては単なる値引きに過ぎません

どうすれば
顧客を
引き付け
られるのか
答えの一つが
ここにあります

使えそうな
ものは
どんどん
パクって
みてください
当社
としても
とても参考に
なりますから
分かり
ましたー
パクるとか
言ってるしー

メキ
ペキ
ドドン
カロリーを
気にせずに
食べられる
ポテトチッ
WILKIN

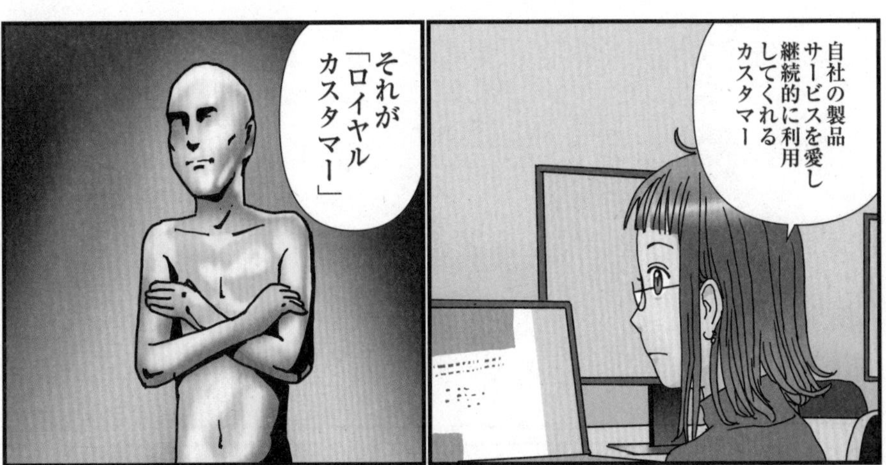

優良顧客にどんな報酬を返すのか
ポイントってそういうことよね
でもどんな価値を返せばいいの？

そもそもロイヤルカスタマーは「お得」を求めているのか

過度の値引きは自社の売り上げ圧迫やブランドの毀損になりかねない

といって安易に廃止すればサービスの改悪と言われてしまう

ほんとそれ
これは意外と難しい問題かも

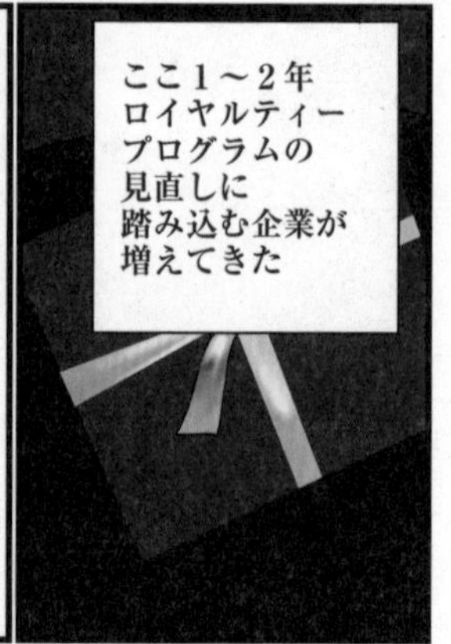
ここ1～2年
ロイヤルティー
プログラムの
見直しに
踏み込む企業が
増えてきた

企業・ブランド	業種	内容
アディダス	アパレル	会員プログラム「adiClub（アディクラブ）」を23年10月に刷新。買い物やランニングアプリの利用でポイントがたまる。ポイントは、4段階のステージに応じたクーポンと交換する他、各種体験プログラムや特別なアイテムが当たる抽選に参加できる
サントリー	酒類製造	会員制LINE公式アカウント「プレモルメンバーズ」を22年2月に開始。「ザ・プレミアム・モルツ シリーズ」に貼付されたシリアル番号を登録してマイルをため、クーポンやオリジナルグッズなどに交換。登録日数に応じた5段階のステージ制を23年2月に追加
サーティーワン	飲食	公式アプリ「サーティワンクラブ」を22年7月に一部刷新。誕生日や記念日にクーポンを配信。商品購入や来店でマイルをためるとクラスがアップ。クラスに応じたサービスが受けられる。子供向けサービス「サーティワン パスポート」も23年4月に開始
JR東日本	鉄道	JR東日本グループ共通のポイントプログラム「JRE POINT」に、23年10月から4段階のステージ制度「JRE POINT ステージ」を追加
タイムズカー	カーシェア	会員向け優遇サービス「タイムズカープログラム」を23年11月に刷新。カーシェアの利用状況によってポイントがたまるメニューを拡充、誕生日特典、継続利用特典などを新設
鳥貴族	飲食	公式アプリ「鳥貴族アプリ」を23年3月に導入。指定商品の注文などでたまる「トリキポイント」でガチャを回すと、割引クーポンが当たる他、誕生日のクーポン配信、食べた串の本数でオリジナルキャラクター「トリッキー」が育つコンテンツなどを用意
よみうりランド	レジャー	よみうりランド傘下の施設共通の会員制度「よみランCLUB」を22年2月に開始。来場数などでたまるポイント数に応じて、ステータスとポイント還元率が上昇。ポイントは入園チケットの他、閉園後貸し切りなどの特別な体験にも交換可能
ユナイテッドアローズ	アパレル	旧プログラム「ハウスカード」を廃止し、会員プログラム「UAクラブ」を23年8月に開始。商品購入のほか、店舗での試着、レビュー投稿、ショッピングバッグ辞退などでマイルがたまる。マイルは割引クーポンに交換可能

ここが新しい
ポイントを
やってる会社
かー

1

買い物以外の「行動」で
ポイントがたまる
仕組みを取り入れた

例えば
大手アパレルの
ユナイテッド
アローズは
会員プログラム
「UAクラブ」で
商品の購入以外
にも

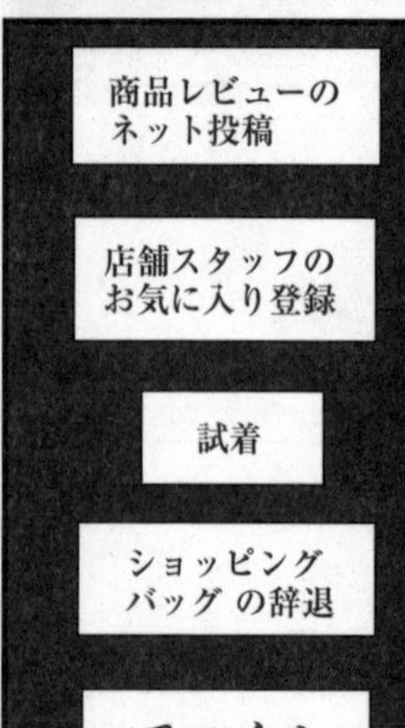
商品レビューの
ネット投稿
店舗スタッフの
お気に入り登録
試着
ショッピング
バッグ の辞退
でマイル
がたまる

ああー
「行動」って
これかー

お店での
アクションで
マイルが
もらえるって
ほとんど
ゲームだわ
GET!

確かに
これなら
ポイントを
ためたく
なるなー
つうか
ポイントと
マイルって
同じもの
なのね

2
ポイントで交換できる特典を体験志向にすること
アディダスの「adiClub」では商品の購入やレビュー以外に
ランニングやワークアウトでもポイントがたまる
走ってもポイントがたまるんだ面白いー

ためたポイントは「割引クーポンに交換」できる他
アディダスならではのリワードに変換できる

サッカー日本代表の試合を観戦できるペア招待券

選手と一緒に
ピッチに入場する
エスコートキッズ
プロゴルファーと
シミュレーターで
対戦する
シミュレーション
ゴルフマッチ

の抽選応募に
使うことができる
ああー
この手が
あった
のかー

憧れの
プロ選手と
会えるって
きっと
すごいこと
なんだよね
10
値引きより
体験!
強いな
アディダス!

開園60周年を迎える
「よみうりランド」

「よみランCLUB」
チケット購入や
園内飲食店などで
たくさんポイントを
ためると

閉園後の遊園地を
2時間貸し切りにできる

きゃー！それってすごくね？
よみうりランド貸し切り！超かっけー！

いくらよいくらポイントためればできるん？

5万ポイント
(約50万円)

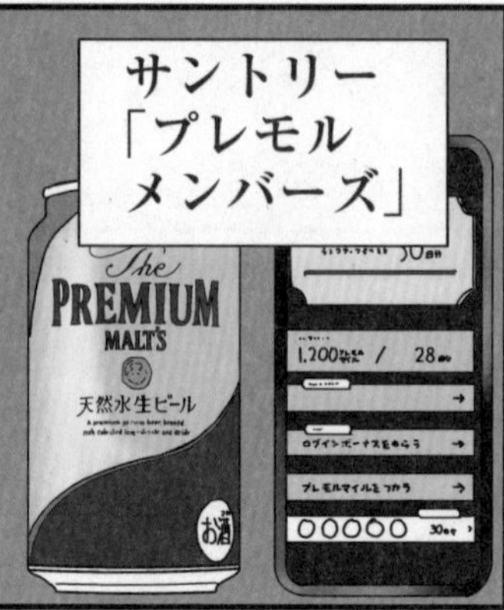
サントリー
「プレモル
メンバーズ」
The PREMIUM MALT'S
天然水生ビール
プレモルマイルをつかう

ビール会社は
何をリワードに
すれば受けるん
だろう…

シールに印刷された
２次元コードを
読み取って抽選に
参加するとマイルが
たまる
うんうん

シールを
読み込んだ
日数によって
ランクが
ブロンズ
シルバー
ゴールド
ダイヤモンド
と上がっていく
クレジット
カード会社
みたいね
マイルで
交換できる
アイテムが
これで
シルバーランク以上で交換できる特典
ゴールド以上
Soundcore by Anker Bluetoothスピーカー プレモルデザイン
シルバー以上
ザ・プレミアム・モルツ オリジナルTシャツ<ユニセックス>
シルバー以上
ザ・プレミアム・モルツ エプロン
シルバー以上
ザ・プレミアム・モルツ ピュアモルト4色ボールペン&シャープ
その他の特典例
ブロンズ以上
イラストレーターともわか オリジナルステッカーセット
ブロンズ以上
ザ・プレミアム・モルツ オリジナルキャンバストートバッグ
ブロンズ以上
ザ・プレミアム・モルツ 保冷缶ホルダー
全ランク対象
プレモル商品やグラスをはじめ、他にも様々なグッズと交換できます！

あっ
ゴールド
以上でないと
申し込めない
リワードが
プロ野球の
レジェンドプレーヤー
が集う
「サントリー
ドリームマッチ」
招待券
スポーツは
こういうところで
使い勝手がいいん
だなあ

1年目のマイルは課題が浮き彫りになりました
サントリーの中の人
電子マネーが当たる「お得」なキャンペーンをやったんですが
お得で購入した人は期間が終わるといなくなってしまうんです
おおおー これはいい学び！

そこで飲んだ本数よりも
飲んだ日数の方を重視するように変えました
プレモルLINE公式アカウント
プレモルメンバーズ
プレモルメンバーズとは
プレモルマイルについて
ランク制度について
利用規約・応募要項
天然水生ビール
毎日ログインしてもらってルーレットに挑戦してもらったり
飲まない日でもプレモルに接してもらえるようにしました
ログインボーナス
2
当選！
今日もログインありがとう
プレモルとともにステキな1日にしよう！

なるほどー

そうだよね マイルをたくさんためられる人は それが好きだからたまるわけで

ためたマイルで安く買えるリワードもいいけれど 希少価値や体験を付けた方ががっつり刺さる

人口がどんどん減っていく日本は新規顧客の開拓が難しくなるんだから
既存のお客さんと長いお付き合いをした方が絶対にいい

あー このデータメモっておこう

消費者の傾向

- 気に入っているブランドから購入するときのほうが多くのお金を支払う：59%
- 気に入っているブランドが顧客との関係構築に努めていることは重要または極めて重要であると考える：57%
- （顧客との）関係構築に努力しているブランドのメッセージングを好む：79%
- ロイヤルティーに対する報酬（リワード）があるブランドのメッセージングを好む：82%

分かった！
大事なのは愛です
商品を愛する消費者と販売する会社は愛でつながるのが美しい

ぎゅっと果肉
つまり うちで売ってる ドリンクで やるなら

おいしい海鮮品が当たる！
金塊プレゼント！
ではなくて

ヨガの体験会とか

搾りたての生ジュースを飲める工場ツアーとか

未発売の試作品のジュースを少し作って抽選で配ったり

そういうことじゃん

よし見えた！
みばえ課長に提案してみよう！

あれ？

有効期限ギリギリのマイルがあったことを思い出したので沖縄へ視察に行ってきます

まとめ

- ●ロイヤルティープログラムを見直す企業が最近増えている
- ●LTVを高めるために「行動でポイントがたまる」「特典を希少な体験志向に変える」のが大事
- ●既存顧客と長く付き合えるような設計を大事にする

END

「日経クロストレンド」2023年12月28日掲載・「日経トレンディ」2024年2月号掲載
URL = https://xtrend.nikkei.com/atcl/contents/18/00831/00008/

Here we go!

生成AIで広告代理店は不要に? AIが人の仕事を奪うほど進化した今、広告代理店はどのように価値を生み出していくのか。第8話は激動の広告業界の未来を明らかにします。

第8話
生成AIで広告代理店が不要に？
変わる広告

ひなさん
詳しかったよね
AI

AI(エーアイ)……

ChatGPTとか
生成AIとか言う
あの界隈
え?

いえいえ
全然詳しく
なんかないです
もうホントに

聞くところによるとChatGPT4・0を相手に英語の学習をしてるとか？

あ
それはやってます
っていうか誰に聞いたんだ

彼はすごいんですよ
ペラペラだし
同じ間違いを何回やっても怒らないし
深夜でも嫌がらないで付き合ってくれるし

ふむ
「彼」ですか

画像生成の方は自宅のPCにステーブルディフュージョンをインストールして
バリバリ描き出してるとか？

あれはですね
PCおたくの知り合いからNVIDIAのGPUを安く譲ってもらったんで

変な生き物の画像をつくらせたりするくらいで
…いやそんなことは言わなくてもいいか

未だに全然使いこなせてないです

オッケー
実はね
メキッ
ボキ

うちの重役に
AIを説明
してほしい
んだ

ええー？

そんなの
無理に決まってる
じゃないですか
そんなに
詳しくないって
説明しました
よね

いや大丈夫
君なら絶対
できるから
なんとなく
分かってる
くらいが
ちょうどいいの

近所の
中学生に
教えて
あげる
くらいの
難易度で

えーと
これを
カチ

ChatGPT&
生成AIで
「広告大変革」

例によって
このページがよく
できてるんで

AIは
何が得意で
何が苦手
なのか
AIによって
広告はどう
変わっていくか
ChatGPT&
生成AIで
広告大変革

本当
ザックリで
いいから
ぎゅっと
絞り込んだ
AIの神髄を
リポートに
まとめてみて
ください
メキ
メキ

……
はい
……

明日20時から
料亭を予約して
あるので
しっ
しっ
明日？

どん
Dr Pepper

むちゃぶりもいいとこなんですけどー

料亭ってパワポ使えるの？
ええ？紙に印刷して持っていく？

そういうとこだぞ！
AIとか言う前にパワポに対応しろっ

あー死ぬ助けてChatGPT
ぐびっ
ぐびっ

えー
それでは
プレゼンを
始めたいと
思います
お手元の
資料をご覧
ください
なんだ
お酌のひとつ
もねえのか
そこの
おねえさん

お酌！
おねえさん
昭和
田辺常務
コンプライアンスと
いうものが
ありますから
私が注ぎます

おねえさんも
こっちで
一杯やろう
いいえ！
私は
結構です
ので

せっかく
なんだから
うまいもん
食いながら
やろうぜ
みばえは
昔っから
堅苦しくて
いけねえ
飲まなきゃ
やってらんねえ
だろ

ＡＩが進んだら
広告代理店は
必要なくなる
なんて話はさ

一口に人工知能
ＡＩと言いますが
80年代に「機械学習」
と呼ばれるアプローチ
が注目されました
近年では
「深層学習」によって
複雑なパターンや
データを学習する
ことができます
えーと
簡単に
言いますと
中学生
中学生!!

ものすごい
大量のデータを
読み込ませて
それっぽい
答えを出す
プログラム
です

平気で
本当っぽい
嘘をつくので
むやみに信用
してはいけません

ほお

うそつきってな
たしかに
広告屋の才能が
あるな
またそういう
ことを言うー

ただ
びっくりする
ほど賢くて
とても使える
子です

今のネット広告は
枠での配信から
個人単位での配信が
可能になりました
プラットフォームも
年を追うごとに
増えてます
つまりとても
細かい仕事が
増えているんです

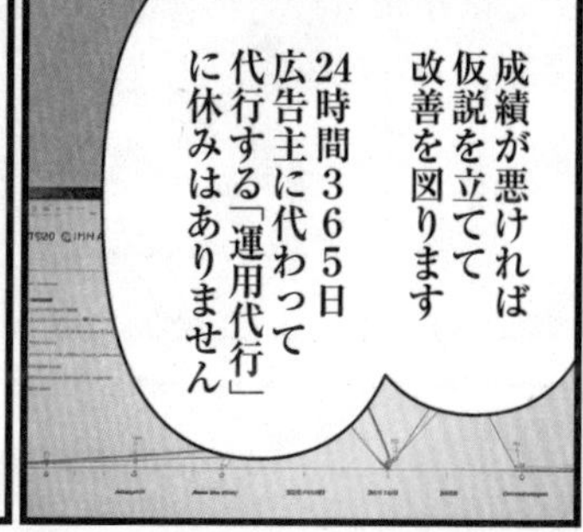

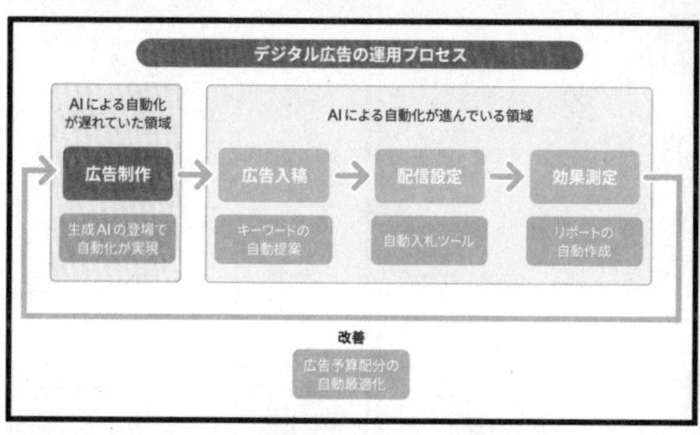

YouTube、Instagram、LINE、TikTok みんな同じ広告というわけにはいきません
それぞれ媒体によって得手不得手があります

ネット広告がどれくらいクリックされているのかというのがCTR
成約率であるコンバージョン率CVRがリアルタイムで可視化されます

瞬時に出る成績表です
ああそりゃしんどいわなあ

成績が悪ければ仮説を立てて改善を図ります
24時間365日広告主に代わって代行する「運用代行」に休みはありません

デジタル広告の運用プロセス
AIによる自動化が遅れていた領域
AIによる自動化が進んでいる領域

生成AIの登場で自動化が実現
キーワードの自動提案
自動入札ツール
リポートの自動作成

広告予算配分の自動最適化

この細かくて大変な作業がAIの得意分野なんです

機械は寝る必要はなく計算も早い
人が見付け出せないシグナルまで読み取って最適化してくれます

人間は絶対にかないません
ていうか私にとってはとても使える有能な新人という感じです

問題なのはこちら

人間に残されていた最後のとりで「広告クリエイティブの制作領域」をゆるがす
生成AIです

せいせいえーあい
それが本丸か

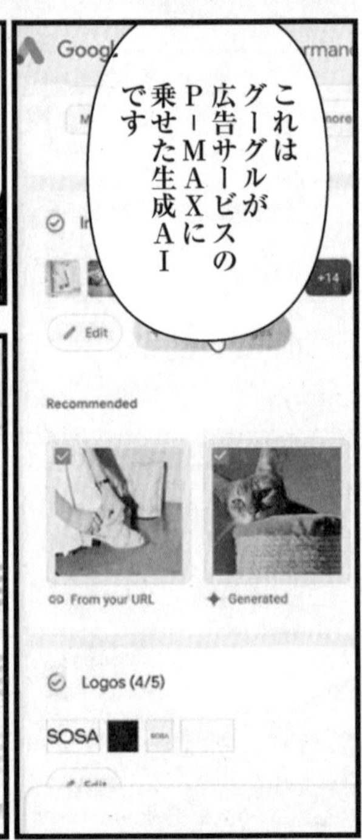
これはグーグルが広告サービスのP-MAXに乗せた生成AIです
Edit
Recommended
From your URL
Generated
Logos (4/5)
SOSA

どんなものかと言いますと
広告主がウェブサイトに広告を出したいとします

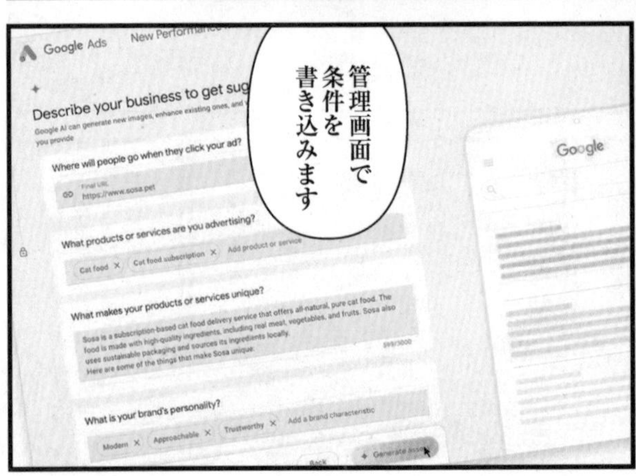
管理画面で条件を書き込みます
Google Ads
Where will people go when they click your ad?
https://www.sosa.pet
What products or services are you advertising?
Cat food
Cat food subscription
Add product or service
What makes your products or services unique?
Sosa is a subscription-based cat food delivery service that offers all-natural, pure cat food. The food is made with high-quality ingredients, including real meat, vegetables, and fruits. Sosa also uses sustainable packaging and sources its ingredients locally. Here are some of the things that make Sosa unique.
What is your brand's personality?
Modern
Approachable
Trustworthy
Add a brand characteristic
Google

例えば「サブスクリプション型」で

価格は「初回は半額」

機能性は「1食に必要な栄養素を全て取れる」としましょう

すると
商品写真やキャッチコピーなどが瞬時に自動生成され広告が自動でつくられます
1食に必要な
定期的におとどけ
くわしくはこちら
完全食
初回は半額

まだ開発段階ですが動画広告も自動でつくれてしまうようです
まるでラフをつくるようなレベルで非常にクオリティの高いものが次々に出力されるのが「生成AI」の凄さです
こちらは日本の企業パルコの広告ですが

広告に登場する人間のモデルも映像も全て生成ＡＩで作られています

次の動画は伊藤園の緑茶の広告ですが

この女優は実在しません

白髪の女性が30年若返っていく姿も
生成ＡＩならなんなく描写できます

ふー

モデルも
カメラマンも
いらなきゃ
衣装もメイク
もいらず
ハワイに
ロケに
行く必要も
ねえってか

そりゃ
丸もうけ
だな
まだ本物の
モデルを使った
撮影に比べて
大きなコスト
ダウンはして
ないようです

同じ顔を
出力したり
ちょっと表情を
変えたりするのが
思ったより難しい
らしくて

まあそんなの
今だけの問題
ですぐ解決
しちまうだろ
と
思います

えらいもんが
出てきやがった
もんだ

そんで？

でんぱく
（電通、博報堂）は
なんつってる？

電通の執行役員
ＡＩ部門の
部門長はこう
言ってます

大切なのは
優れたアイデア
であると

バナー広告を
大量生産する
ことは本来
クリエイター
がやるべき
仕事ではない
生成ＡＩは
広告代理店の
本質に立ち返る
きっかけになる
はずだ

耳が
いたい
です

たとえば
「ハロウィーンの後に渋谷の街を綺麗にする方法」
をAIに尋ねたら
「ゴミ拾いのボランティアを雇う」くらいの解決法が示されるだろうけれども
電通のクリエーターが出したアイデアは

ジャックオーランタンを模したゴミ袋を配る

ハロウィーンを楽しみながら自主的にゴミを持ち帰ることを促す
これすごいアイデアですよね
ふん
なるほどな

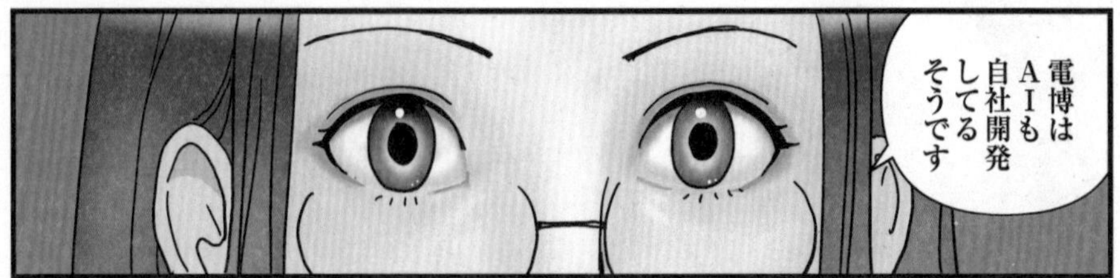

電博はAIも自社開発してるそうです

電通が「ムゲンエーアイ」
博報堂が「クリエイティブ・テクノロジーラボ ビート」

サービス名	概要
H-AI TD GENERATOR	LP（ランディングページ）の URL と、打ち出したいキーワードを入力し、見出し文、説明文を選択するだけで LP の内容とキーワードを反映した広告文を生成・管理できる
H-AI UpRes	AI の機械学習で映像を分析し、低画質の映像劣化補正や色彩補正をかけた上で高解像度化する
H-AI MOVIE RESIZER	AI技術を用いて既存の動画広告クリエイティブを各種デジタルメディアに最適化されたフォーマットにリサイズする
H-AI SEARCH	検索連動型広告の広告テキストを AI で自動生成し、事前に広告配信効果を予測する
H-AI EYE TRACKER	独自技術で開発した人の視線を解析する「アイトラック AI」を活用し、動画内の人の注視箇所を予測・可視化して訴求力の高い広告動画を制作する
H-AI IMAGES	配信前のバナー広告の効果を、業種特性に応じて予測・評価する。配信前に先駆けた広告クリエイティブの改善につなげられる
H-AI NARRATIVE	消費者がアップロードした画像をすぐに動画に変換し、他の映像素材と組み合わせて動画を生成する。消費者参加型キャンペーンなどを支援する

サービス名	概要
∞AI Ads	デジタル広告の広告クリエイティブ制作における4つのプロセス「訴求軸発見」「クリエイティブ生成」「効果予測」「改善サジェスト」ごとに搭載された AI が、広告制作から改善までを支援する
∞AI Chat	対話型 AI と Web サイトや LINE などのコミュニケーションツールと連係。顧客や従業員間のコミュニケーションの質と効率の向上を支援する
∞AI Contents	バーチャルヒューマンなど、AI を活用した次世代の顧客コミュニケーションを実現するサービスを提供する
∞AI Marketing Hub	生成 AI のパフォーマンスをさらに高めるための基盤。多様なデータを一元管理できる「データハブ」、データハブ内のデータを処理し、目的に応じて最適な AI の選択・統合・制御を行う「AI ハブ」で構成される

はーん

せっかく印刷してきたんだからもっと読み込んでもいいと思うんですけど
ひなさん顔っ顔!!

しかし世界中でこの瞬間も新しいＡＩを日々開発中なんだろ？
そうですそうです

今の話はもう去年の話なので相当古い感じがあります
かーっ

どうすりゃいいんだ
どう思う？ねえさんは…

えーと黒鳥ひなさんは

私はイギリスの広告代理店大手ＷＰＰのＣＴＯプレトリアスさんの意見が参考になると思います

ＡＩが大きな変化をもたらすことは明白だと

彼が特に強調するのは「独創的なアイデア」です

先ほどの電通の方と同じような意見なんですが
AIの技術で生み出されたことを差し引いても素晴らしいアイデアでなければならないと言ってます
WE ARE THE CREATIVE TRANSFORMATION COMPANY
Using the power of creativity to build better futures for our people, planet, clients and communities

AIはもう当然分かって使った上でさらにアイデアを乗せていけという意味だと思います
ふん

彼の手掛けたイギリスのお菓子キャドバリーのキャンペーンが面白くて
इस दिवाली, कुछ अच्छा हो जाये कुछ मीठा हो जाये.

インドの有名俳優の声をAIに学習させて映画のような映像に地元商店街の名前を盛り込んだ広告を生成できるようにしました
俳優が地元のローカルな商店街の名前を話してくれるのが受けました
Cadbury
Celebrations

そりゃディープフェイクってやつじゃねえのかい
あっ確かに限りなく近いですね

案外分かってるじゃん

あとは歌詞、音楽、歌声を自動生成するＡＩを作って
オリジナルバースデーソングを恋人や家族に送るとか

１９９９年のセリーナウイリアムズと２０１７年のセリーナを対戦させたり
GAME
SET
SERENA

生成ＡＩを利用した広告をたくさん手掛けています

ＡＩは劇的に仕事を減らしますが
楽ではなくむしろ大きな試練だと彼は言います

ポイントは4つ

人々が共感し情熱を感じ理解できるビジョンをＡＩ戦略の中心に添える

ＡＩをバリューチェーン（価値の連鎖）の様々な部分に適用すること

ＡＩメーカーと強力なパートナーシップを築くこと

体感を通じて社内全体でＡＩの可能性を理解する

ＡＩを理解してどんどん使っていけと
はい

そして私たち全員が自分自身をプログラムし直して対応しなければいけないと
かーっ

ものすごく
しんどい時代が
やってきちまった
な

とても
ワクワク
します
へーっ

まあ
うまくやって
くれー
みばえー
はっ

あと
ひなちゃん？
はい

その前髪は
自分でハサミ
で切ってんの？
美容院で
やって
いただいて
おります

あっ
なあんだ
なあんだ
じゃ
ねえよ
この後は
銀座でも
繰り出そう
かと
思ったが
家に帰って
ChatGTP
と話しながら
一杯やることに
したわ

黒鳥さんも
本当に
お疲れ様
GPTです
ね

はい？
やっぱり
お酒飲む人は
ガンマGTPと
混同しちゃうん
ですね
ChatGPT

表記に細かい黒鳥ひなだった

まとめ

●生成AIは広告クリエイティブも
つくれるように進化。
広告に出るタレントや動画すらも生成可能
●電通や博報堂もAIサービスを開発し
対応を進めている
●生成AIの技術を使って全体でどう
コミュニケーションするか、
優れたアイディアを出していくことが大事

「日経クロストレンド」2024年2月28日掲載・「日経トレンディ」2024年4月号掲載
URL = https://xtrend.nikkei.com/atcl/contents/18/00831/00009/

Here we go!

ネット完結型のビジネスをどう
うまく行うのか？ 老舗通販のリ
ピート率を高める強固なCRM
にそのヒントが。第9話は老舗
通販の「売る力」に迫ります。

第9話 リピートの鬼

老舗通販の売る力

黒鳥さん
それは…
え…
えーと
ARサングラス
XREAL Air 2
Pro
買っちゃい
ましたー

揺れる電車の
中でもぶれないで
ネトフリが見れる
って喜んでいるん
ですけど
キーボードを
つなげば
スマホなのに
大画面で
パソコンライク
にテキストを
打てちゃって
超便利

この軽さ
この解像度の
細かさ
ものすごく
使える子だと
思いません
かー

ああ…まあ
なかなか
アバンギャルド
というか
それで電車に
乗れるのは
さすが
黒鳥さん
というか

その姿で
クライアントの
ところへは…
さすがに
行ってない
です

そうです
よね
ほっ

でも私の
クライアント
なら理解して
くれると
思いますよ
新しい
ガジェット
バリバリ
大好きな
CEOなので

あの
お布団
売ってる
そうです
ベンチャーの
ドリームーン
さん

ふむ

製品は
中国の深圳で
作っているもの
を輸入して
販売してる
ものなので
差別化が
難しいところ
ですよね

そうなんですよ
競合製品が
出てきてるんで
マーケが
重要だという
ことで
うちに来たん
ですが

これです
よ！

みばえ課長
これをちょっと
かけてみて
ください
えっ？
いや私は…

ほら
近視の度数
も違うし
何事も
トライです

ええー？
どうなのー
頭痛く
ならない？

ほおおお
ヒュウウウゥゥゥ
大画面がすごい！

TikTokで見つけた動画なんですけど
雪山でわざわざこの掛け布団を使ってるんですね

この企画いけますよね？

誰が見ても寒さで震えるようなところにドリームーンのお布団を持って行ってくるまって寝てみる

ザ・極寒チャレンジ
SNSではやりそう！

あー
ここで
サングラス
の暗さを調整
できるんだ
なるほど
なるほど
カチ
カチ
って課長
聞いてます
？

著名な
インスタグラマーと
ティックトッカー
にお願いして
いろんな
チャレンジを
してもらって

寒さに強い
薄くて軽い
この魔法の
お布団を
プッシュ
していく

どうでしょう
うーん
…

もう少し
上下の視野が
広いといいん
だけどねー
そっちじゃ
なくてっ

うむ

実はD2C
（ダイレクトto
コンシューマー）
のベンチャーは
どこも苦戦してる
んですよ
大きな成功例は
まだほとんど
ないのが現状です

それに
比べると
昔ながらの
老舗通販は
非常に手堅い
「やずや」
しかり
「サントリー
ウエルネス」
しかり

なぜだと
思いますか
ミシ
ペキ

資金が潤沢な
大手に対して
ベンチャーは
資金がショート
しがち？

うむ
なぜ
ショート
するん
でしょう
ゴキ

一説によると
新興系D2Cは
9割が失敗
しているそう
です
ひっ

商品の開発力
が弱いとか
目立つために
値引き合戦に
なっちゃってる
とか

あっ
あれかな?

老舗は
お年寄りを
がっつり
つかまえて
いる?

えーと
…
言い方にかなり
問題がありますが
それが近いです

今確信しましたが
ベンチャーと同じ
弱点を黒鳥さんも
持っていますね

ええ？
インターネットを過信し過ぎている
うっ
ぐさ
地道な努力より効率の良さにすぐ走ってしまう
あっ
ぐさ
ドス
面白ければ法令的に多少グレーな広告でも問題ないと考えている
ああっ
ビビビッ

それは短期スパンではよくても長期ではうまく回りません
はぁ
はぁ

ウイークポイントは「継続性の弱さ」です

最初は面白がって買ってくれるかもしれません
初回は大幅に値引きをして販売したけれど2度目はどうでしょう

ECサイトの売り上げは簡単な掛け算で導かれます
訪れたユーザー数
×
成約率(CVR)
×
客単価
＝ イコール
売り上げ

大切なのは客単価です
といっても1回こっきりの単価ではなくその顧客の生涯の単価LTVです

繰り返し
買って
いただく
そのために
老舗は
どれほどの
努力をして
いるか
Q'SAI 青汁

顧客関係管理
いわゆる
CRMが
重要なんです

CRMの
重要さは
分かります

そうです
かね？

例えばの
話ですが
やずやの社員は
担当顧客から
電話を受けた後
直筆のお手紙を
書いて
関係性を築いて
いくそうです
やずやの
青魚の知恵
〜魚のちからをまるごと1粒〜
DHA
EPA
アミノ酸
カルシウム
やずや
2個お届け
アミノ酸
カルシウム
ビタミンD
ックして表示される「特設サイト」からお申込みください。　※写真はイメージです。　※ビタミンD

いいいい？
ほらぁ

いや僕もそれをやれとは言っていませんけれども

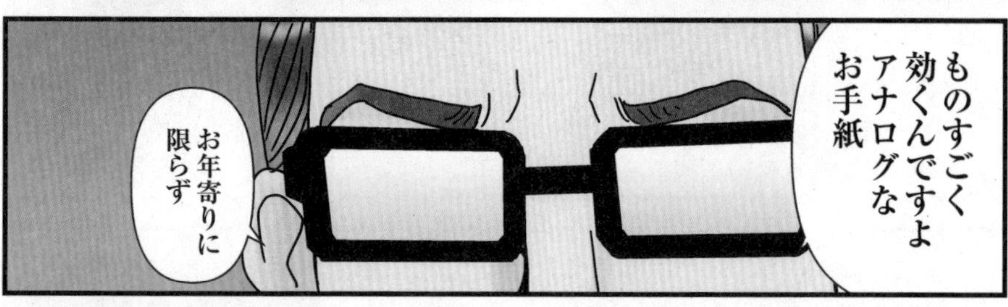
ものすごく効くんですよアナログなお手紙
お年寄りに限らず

自分宛てのDMは75%が閲覧するし20%近くの人が何らかの行動を起こすというデータもあります
解約の電話を受けた時も対話を通じて解約の理由がどこにあるのか探っていく
それによって新たな顧客の不満への改善を…
はい！

解約したい人はすぐに解約してあげればいいと思います

携帯電話を変える時とかもう解約は決まってるのにダラダラと引き延ばししてきてもうサイテーで

しーー！

ああーそうでしたうちでも解約引き延ばしはやってましたね

そうそうあまり大声で言わないで

つまり顧客としっかりした信頼関係をつくっていくことが大事と

うむ

商品を買ってくれたお客様に手紙やパンフを同梱したりしてね

うわー……

やっぱりすごくにがてかも……

……

泥臭くても
信頼を築いて
いくことに
大変な価値
がある…
と
いうような
ことを
言いたかった
んですが

黒鳥さんには
データで
語った方が
腹落ちして
もらえるのかも
しれないですね
「北の達人」
木下社長が
言っている
数値
客単価は
2980円から
3980円が
売れやすい
商品の企画段階で
顧客生涯価値は
ほぼ決まっている
初回購入から
1カ月後の
LTV(年間で
1人の顧客から
得られる利益)は
1年後のLTVの
約40%

「売れるネット広告社」のノウハウ
本商品の定期コース（サブスク）申込み
お試し
ワンステップで定期契約を狙うのは出会ってすぐにプロポーズするようなもの
デートを重ね相手をよく知ってからプロポーズした方が失敗しにくい

あーそれはよく分かります
さらにCVRを高める6つのポイント

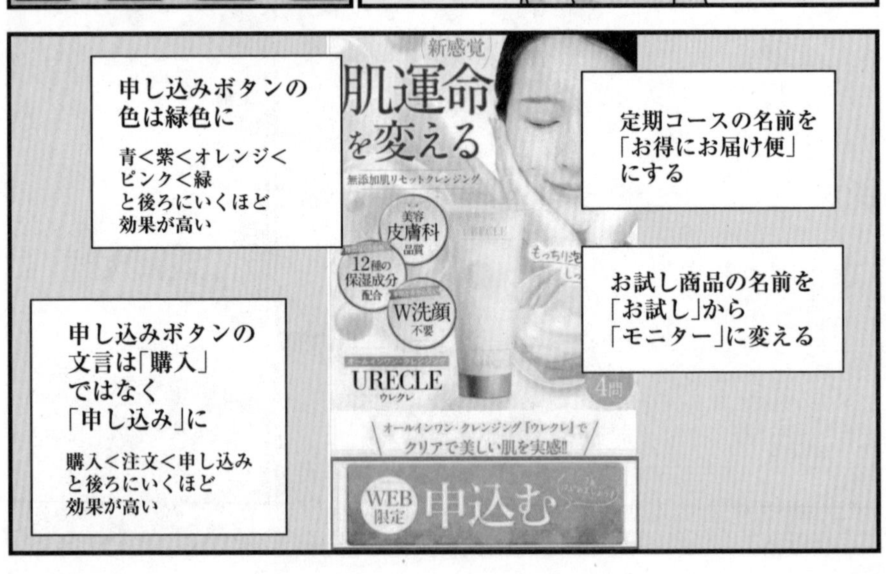
定期コースの名前を「お得にお届け便」にする
お試し商品の名前を「お試し」から「モニター」に変える
申し込みボタンの色は緑色に
青＜紫＜オレンジ＜ピンク＜緑と後ろにいくほど効果が高い
申し込みボタンの文言は「購入」ではなく「申し込み」に
購入＜注文＜申し込みと後ろにいくほど効果が高い
新感覚
肌運命を変える
無添加肌リセットクレンジング
美容皮膚科品質
12種の保湿成分配合
W洗顔不要
URECLE
ウレクレ
オールインワン・クレンジング『ウレクレ』でクリアで美しい肌を実感!!
WEB限定
申込む

えー？
本当ですか
それ面白い！

割引率を一定にする

初回だけ割引にすると
２回目以降のお得感が
薄れてしまう

専用フォローメール
LPを作る

初回のタッチポイント
定期会員へ引き上げ
といった目的に合わせた
専用のフォローメール
とLPを作る

顔色がどんよりしている…

なるほど
ウェブサイトだけでも結構やれることがありますね

ふいっ
※腑に落ちた音

極寒チャレンジ安易過ぎました
反省しています

ドリームーンさんのお布団の客単価がものすごく高いんですよね
3万円から5万円くらい

ネットで買った人が多いので顧客データはバッチリあります

寝心地について具体的なアンケートを取りましょう

軽さ暖かさ丸洗いできるけれど試してみたのか
抗菌防臭効果はどうだったか
商品を友達にお勧めしたかしていないのはなぜか

なるべく細かく記入してもらい正直な感想をオフィシャルのウェブサイトにも投稿してもらう
ここにはコストをかけます
そしてなるべく速くその意見を生かして商品を改良していく

そうやって
信用を
勝ち取って
いく
そこは
急がないで
丁寧に丁寧に
根気よく
泥臭く
CEOは
評判を気に
してるし
フィードバック
の速さは
負けないって
言っていたんで
そういう
ことです
よね？
売りっぱなし
じゃない
というところを
プッシュ
しましょう

うむ

思ってたよりずっと良かったです
このARサングラス

そっちかい！
やっぱり使ってみないと分からないものですねぇ

まとめ

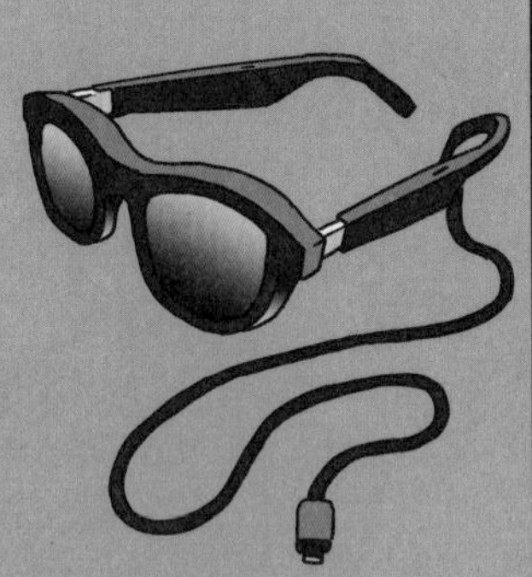

●ネットに頼るだけでは良い顧客関係は築けない

●老舗企業の「手紙」などアナログなCRMに学ぶことはたくさんある

●リピートを前提とした商品づくりと泥臭いコミュニケーションが大事

K H ’ s M F 1 ALL END

「日経クロストレンド」2024年4月1日掲載・「日経トレンディ」2024年5月号掲載
URL = https://xtrend.nikkei.com/atcl/contents/18/00831/00010/

OMAKE!

このマンガができるまで

担当漫画家
鈴木みそ

担当編集

鳥羽　裕

2023年の春ごろ、LINEが飛んできた。

「マーケティングが学べるマンガ描きませんか？　と言ってもあまり原稿料は出ないんですけどね」

以前担当していた日経BPの鳥羽さんであった。

「3回くらいの予定でぱーっとやりましょう。内容は……、

うちでやった特集記事で人気のあったもの、あれをマンガで描き直してしまえばいいですよね。新しく取材もしなくていいし、こたつに入ったまま、マンガが描けますよ」

そしてこたつマンガ「黒鳥ひなのマーケティングファイル」は始まったのだった。

特集記事を読んでみると、かなりの分量の記事が6回くらいに分けて掲載されている。日経BPの記者が気合を込めて作り込んだ記事なので、中身もみっちり詰まっていて花咲ガニより濃

1

厚だ。
「え？　これを1話のマンガにまとめるんですか？」
「おいしいところだけつまんじゃって、ぱーっといきましょう、16ページくらいで」
いやいやそういうわけにもいかないよね。だいたいマンガってそんなに中身入らないんですよ。話を進めるためのキャラクターだって必要だし。
「いやそこはみそ先生のベテランの力で」
んー、どんな感じのキャラだろう。入社3年目くらいの女性と上司の会話で進める、だけじゃ面白くないし……。

（イラスト1）
色々描いてみたがちょっとイメージが違う。
なんでもいいと言ってたわりに鳥羽さんの注文は細かくて、女の子の髪形にも色々思うところがあるらしい。
「ストレートで真面目な方がいいですよね絶対」いやそうかなあ……。

（イラスト2）

そして最終的に絞り込んで、女の子は真ん中と右側の子の中間くらいの感じ。上司はヒゲのおじさんに決まった。

おっさんはどうでもいいらしい。

このヒゲの人はめっちゃ筋肉質だったりして。「あっそれでいきましょう」

机でストレッチしてるけどポキポキ関節が鳴りまくる「わははは、じゃあそれで」

みばえ課長は瞬時に誕生した。

会社は広告代理店かな？

「いえ、それは企業のマーケティング部署ということにしましょう」

記事が長いので、ChatGPTに要約してもらった。なるほど、これは便利だ。マンガのキャラも使うに違いない。そんなことを考えたらするすると導入部分ができた。

（イラスト3）

若い子にどうやったら仕事のノウハ

ウを教えていけるのか。それをみばえさんも悩んでいるに違いない。ドンキはどんなやり方してたっけ？　とまとめ始めたらあとはもうどんどん話が進んでいく。こいつは楽だ。

20代の働く女性の機微は、年齢が近い娘に下書きをチェックしてもらっている。

3話で終わりだったはずのマンガは、そのままウェブサイトで連載となり、雑誌「日経トレンディ」で縮小版が毎月載ることになった。

9話みっちり入った情報は、10センチ以上ある分厚いステーキ肉を真っ黒になるまで強火であぶり、外側の焦げたところをざっくり切り落として、残った赤い部分をレアでいただく新宿のナスキロの料理のように、濃厚で上質なものになっております。たぶん。

若いビジネスパーソンの参考になったら幸いです。

黒鳥ひなの

マーケティングファイル 01

特集紹介

OMAKE!

このマンガは「マーケティングがわかる 消費が見えるウェブメディア　日経クロストレンド」の特集を基に作られています。

第1話 特集「ドン・キホーテ」ヒット連発の新方程式

ディスカウントストア最大手の「ドン・キホーテ」。運営元のパン・パシフィック・インターナショナルホールディングス(PPIH)は33期連続で増収・増益を達成するなど好調が続く。なぜ同社は最強の「驚安の殿堂」を築き上げることができたのか。
その秘密に迫る。

〔特集URL〕
https://xtrend.nikkei.com/atcl/contents/18/00771/

第2話 特集 テレビが変わる。メディアが変わる

新型コロナウイルス禍を経て視聴者の動向にも変化が生じる中、広告メディアとしてのテレビはどう変わるのか。業界構造の変革を迫られるテレビ局自身は、どこに活路を見いだすのか。変化するテレビが今後のマーケティングにどう影響するかを読み解く。

〔特集URL〕
https://xtrend.nikkei.com/atcl/contents/18/00813/

第3話 特集 隠れたマーケ巧者 丸亀製麺の秘密

苦境の外食産業の中で、業績好調を続ける丸亀製麺。その理由は、商品の魅力に加え、顧客データの分析などを通して顧客に"感動"を届けるマーケティング巧者であることだ。そんな丸亀製麺の考え方と実際のマーケティングのすごさを明らかにする。

〔特集URL〕
https://xtrend.nikkei.com/atcl/contents/18/00822/

第4話 特集 進む「消齢化」世代マーケの限界

世代別にペルソナをつくるマーケティングにも限界が見えてきている。博報堂生活総合研究所の長期時系列調査によれば、世代間の価値観の差が小さくなる「消齢化」という現象が進んでいると判明。本当に世代論は不要なのか。徹底再考する。

〔特集URL〕
https://xtrend.nikkei.com/atcl/contents/18/00834/

第5話 特集「逆襲のシェア」業界激変の新ヒット

綿々と歴史が続く老舗ブランドのリニューアル、そして新規に立ち上げたブランド――。サントリーや資生堂、RIZAPグループのchocoZAP……なぜそのブランド刷新・新規投入は今どき消費者の心をつかむことに成功したのか。一連のストーリーをつまびらかにする。

〔特集URL〕
https://xtrend.nikkei.com/atcl/contents/18/00857/

第6話 特集 2024年ヒット予測ベスト10

2024年は何が売れるのか。消費は正常化したように見えるがその本質は激変。商品やサービスも大きく変わる。街ではドローン広告が光り、ARグラスワーカーが働く。A2ミルクや斬新レサワで食卓にも変化が起こる。今まで想像できなかった、新たな世界線の時代が始まる。

〔特集URL〕
https://xtrend.nikkei.com/atcl/contents/18/00913/

第7話 特集 ロイヤルティープログラム再構築

モノがあふれ、ともすると価格競争になりがちな昨今。自社の製品、サービスを愛し、継続的に利用してくれるロイヤルカスタマーが、事業継続の鍵を握る。ロイヤルティープログラムの在り方を、顧客とブランドの関係づくりの観点から探る。

（写真提供／mashimar/stock.adobe.com）

〔特集URL〕
https://xtrend.nikkei.com/atcl/contents/18/00912/

第8話 特集 ChatGPT&生成AIで「広告大変革」

「デジタルマーケティングはすべてAIの仕事になる」。AIの技術力が向上し、いよいよ「AIが人の仕事を奪う」ことが現実になりつつある。こうした中、広告代理店はどのように価値を生み出していくのか。激動の広告業界の未来を明らかにする。

〔特集URL〕
https://xtrend.nikkei.com/atcl/contents/18/00915/

第9話 特集 リピートの鬼 老舗通販の「売る力」大解剖

「D2C」といわれるネット完結型のビジネスが急拡大しているが、大きな成功は少ない。一方、底堅いのがサントリーウエルネスといった老舗通販。各社に共通するのは徹底して離反を防ぎ、リピート率を高めるCRMの仕組みだ。老舗通販に顧客を離さず「売る力」を学ぶ。

〔特集URL〕
https://xtrend.nikkei.com/atcl/contents/18/00952/

K H's
M F
0 1
E N D

SEE YOU...

K H's  M F

and

黒鳥ひな の マーケティングファイル 01

2024年5月20日　第1版第1刷発行

著　者　鈴木みそ

発行者　佐藤央明
発　行　株式会社日経BP
発　売　株式会社日経BPマーケティング
〒105-8308
東京都港区虎ノ門4-3-12

装幀・デザイン　井上則人
（井上則人デザイン事務所）

編　集　鳥羽 裕
制　作　關根和彦
（QuomodoDESIGN）

印刷・製本　図書印刷株式会社

ISBN 978-4-296-20480-9
Printed in Japan

by

and

本書籍に関するお問い合わせ、ご連絡は下記にて承ります。

https://nkbp.jp/booksQA

Suzuki Miso